de INFANTIL a PRIMARIA

CÓMO EDUCAR PARA EL CAMBIO DESDE EL APRENDIZAJE EMOCIONAL

María Maroñas

Saralejandría
ediciones

Mis niñas, ojalá la vida os regale siempre luz para guiar vuestros pasos, claridad para ver vuestros sueños realizados y calor en los momentos en que más lo necesitéis. Que cada amanecer os recuerde lo valiosas que sois y que, pase lo que pase, siempre encontréis en mi amor un refugio. Sois mi razón de ser.

Os ama,

Mamá

ÍNDICE

PRÓLOGO

Todavía recuerdo a mis profesores de Primaria: Chelo, Juanma, Miss Presente... Docentes que marcaron mi infancia e hicieron de esa etapa, una de las experiencias más bonitas de mi vida. Recuerdo con claridad la voz suave de Miss Presente enseñándonos inglés con sus "puppets" y sus canciones de buenos días. Como Juanma, en sus clases de Educación Física, nos ayudaba a hacer el pino mientras sujetaba nuestros pies con cariño y mucha paciencia. Y Chelo... ¡ay, querida Chelo! cambiaste mi vida por completo.

Chelo era especial. Una mujer de unos 40 y pocos años, castaña y bajita. Siempre vestía con su bata azul, que se ponía cada mañana cuando entrábamos en clase. Cierro los ojos y veo su sonrisa eterna. Siento sus abrazos, su validación y sus ánimos. Soy capaz de recordar el olor de su clase, aquel pequeño mundo lleno de risas, colores y desafíos que, para una niña de seis años parecían inmensos, pero ella, con su gran paciencia y dedicación, hacía que nos sintiéramos únicos, especiales e importantes. Con ella viví momentos enriquecedores, pero hubo una experiencia que marcó mi vida para siempre. Aprender a leer fue un gran reto en mi transición a primaria. Recuerdo que me costaba bastante y no me sentía motivada ni segura para leer en voz alta. Chelo se quedaba con varios de nosotros un ratito durante tiempos libres que teníamos en el día a día, y con mucho entusiasmo y entrega, dedicaba parte de sus ratos de descanso a continuar ayudándonos, confiaba en nosotros. Una mañana, después del patio de las once, me pidió que si podía hablar conmigo. Yo, con mi seguridad incesante (nótese la ironía), me puse muy nerviosa y con mucho dolor de tripa, pensaba que algo no iba bien. Ella me abrazó, me pidió estar tranquila y confiar.

Cuando llegamos a clase, se sentó a mi lado en aquella silla roja que tenía junto a un espejo gigante. Me preguntó si podía darme las manos. Le dije que sí. Después de un "estás haciendo un gran trabajo", y un abrazo de los suyos, me dijo que quería que fuese la narradora de uno de los cuentos que leíamos mensualmente en el cole para los pequeños de infantil. Imaginaos mi cara. No podía creérmelo y sentía que no era merecedora de ese papel cuando había otros compañeros que leían mucho mejor que yo. Chelo, con la paz que le caracterizaba, me dijo: "María, confía en ti. Tú eres la que está consiguiendo mejorar gracias a tu esfuerzo y lo vas a muy bien. CREE EN TI".

Todavía se me eriza la piel cuando recuerdo ese momento. Ese gran momento que cambió mi vida para siempre. Yo quería ser como Chelo. Cuando te hacen sentir competente y eres consciente de tus progresos, te lo crees. Te sientes valorado, apoyado y, sobre todo, te sientes capaz. Desde ese instante, algo en mí comenzó a crearse. Observaba cómo cada uno de mis profesores conectaba con nosotros y trataban de sacar nuestra mejor versión. Bueno vale, lo reconozco, todos no... pero bueno, eso es así y todos lo sabemos. Pero soy de las que piensa que de esas experiencias es mejor aprender en vez de lamentarse.

Según fui creciendo, me fui encontrando con más profesores que seguían alumbrando mi camino. Mi querido Carlos A. del instituto. Perdonadme, sé que he pasado muy rápido de etapa, pero necesito nombrar a este gran maestro que fue quien prendió la mecha de lo que soy hoy como docente. Afortunadamente, he tenido profesores maravillosos que me han ayudado mucho durante mi vida académica, también en la universidad, pero Carlos fue mi maestro junto a mi querida Chelo. Él era mi profesor de Lengua y Literatura en el instituto. Era quien me soportaba en los recreos porque no conseguía comprender los análisis sintácticos, los comentarios de texto o las figuras retóricas. Carlos era un hombre de unos 40 años, padre de familia y muy querido por todos los alumnos. Era un tipo serio pero especial, con un bienestar impecable y un humor muy característico. Tenía una manera única de enseñar y de empatizar con nosotros. La idea de que yo quería estar en su lugar cada vez resonaba más fuerte en mi cabeza.

Terminó el instituto y antes de empezar el verano, ya estaba matriculada en Magisterio de Educación Primaria en la Universidad Autónoma de Madrid. ¡Qué años más maravillosos! En esta etapa también tuve docentes extraordinarios, aunque, en este caso, recuerdo más a uno en especial y no para bien... De él aprendí lo que no quería ser y en lo que no me quería convertir. Pasamos página. Durante esos años, empecé a ser consciente de que la enseñanza iba mucho más allá de libros, fichas y manualidades. En la enseñanza dejas huella. Siembras pequeñas semillas que poco a poco crecerán y entre todos tendremos que regar. Cuando me convertí en maestra y empecé a ejercer, comprendí lo importante que era y lo esencial que iba a ser para los niños y las niñas que pasasen por mis manos. Yo tenía que ser Chelo y tenía que aprender a enseñar como Carlos. Aunque eso, amigos y amigas, me he dado cuenta de que me lo están enseñando los años.

Actualmente, soy profesora de Primaria y llevo once años en primer ciclo. Llevo once años aprendiendo de ellos, de sus pensamientos y ocurrencias, y muchas veces, también de sus actos. Aprender a conocerlos para darles lo que cada uno necesita, es algo esencial para mí. Porque ser docente, personalmente, es una de las labores más importantes para el mundo.

Implica guiar a los alumnos en su desarrollo académico, social y emocional. Enseñarles a vivir en sociedad, ayudarles a respetar a los demás y a sí mismos. Enseñarles empatía, autoconocimiento y gestión emocional, es parte de nuestro trabajo como docentes. Ayudarles a establecer relaciones interpersonales saludables y crear un ambiente seguro y positivo es fundamental para que pueda desarrollar un aprendizaje significativo. Y para esto, también es necesario ser honesto y cercano. Mis alumnos y alumnas saben que me encanta hablar. Muchas veces les cuento experiencias personales y tan pronto nos partimos de risa, como terminamos emocionados y calmados con un "achuchón". Tener una comunicación abierta, darles tiempo y escuchar cómo expresan sus emociones, me ayuda mucho a fomentar su capacidad de autoconciencia y resiliencia. Enseñarles a reconquistarse tras las adversidades, a resistir ante los dificultades y a luchar en los grandes desafíos, son mis principales objetivos como maestra.

Por mi forma de ser, siempre necesito estar creando "algo". Y no sé si recordaréis que en marzo de 2020 nos obligaron a todos a parar. La pandemia del COVID-19 llegó y tuvimos que reinventarnos para que, tanto nuestros hijos en casa, como los alumnos a través de las pantallas, pudieran seguir con la enseñanza de la que son merecedores. De ahí salió, Los Mimos de María (@losmimosdemaria), mi perfil de Instagram que tantas alegrías me ha dado. Comencé compartiendo ideas, manualidades y canciones, y actualmente sigo mi camino creando materiales descargables y de consulta para docentes y familias.

De la necesidad de dar más de mí y compartir mis conocimientos, nació la creencia de que yo tenía que ayudar a más niños y familias, pero yo no ayudé a Instagram, él me ayudó a mí. Tras unos años en esta red social, me vino una de las oportunidades más bonitas de mi vida. ¿De esas oportunidades que no te crees merecedora y que hacen que te "mueras de miedo"? Pues de esas. Una tarde de julio, en mi carpeta de mensajes directos tenía uno muy especial esperándome... *"Hola María, nos gusta la alegría con la que comunicas temas didácticos en tu cuenta de Ig y nos gustaría invitarte a escribir un libro para nuestra colección. ¿Te animas?".* En el instante en el que leí el mensaje (en voz alta para que mi marido y mis hijas también lo escuchasen) llamé a mis padres. (Sí, lo sé, tengo 34 años y sigo así, pero ¿sabéis qué? Siempre lo haré.) Ellos, como siempre, me dijeron que confiaban en mí y que era una gran oportunidad tanto personal como profesional. (Ellos sabían que era uno de mis sueños y que lucharía por él). Me puse en contacto con Patricia y con Javier, y todo empezó a fluir... Correos electrónicos, llamadas y SÍ, QUIERO. Lo deseo. Me apetece con todas mis fuerzas.

Deseo compartir parte de mí, parte de mi experiencia como docente y como madre. Deseo guiarte hacia el aprendizaje emocional. Porque sí, así soy yo, una madre y una maestra llena de ilusión y coraje. No quiero convencerte de nada, sólo tengo la necesidad de mostrarte cómo la educación y la enseñanza a través del amor, la Disciplina Positiva y el aprendizaje emocional, es más significativa.

Yo voy con todo, ¿te vienes conmigo?

INTRODUCCIÓN

Cuando hablamos de cómo educar para el cambio desde el aprendizaje emocional, debemos tener muy claro nuestro objetivo como adultos. ¿Cómo queremos enseñar y educar a nuestros hijos o a los alumnos? Enseñarles a enfrentar desafíos y manejar sus emociones en sus relaciones sociales es una labor que nos pertenece como educadores.

Con este libro, pretendo ayudarte a entender la Inteligencia Emocional, sus componentes y beneficios dentro de la educación. Quiero que comprendas que gracias a un aprendizaje emocional, los niños y las niñas aprenden en un entorno seguro en el que se sienten validados y protagonistas de su historia. Necesito enseñarte también cómo es esa "transición" de Infantil a Primaria. Las características de ese "escalón" al que muchas familias tienen pavor, pero a lo que yo como docente y madre, te digo que confíes y tengas paciencia. Como me dice mi madre muchas veces: "no sirve de nada anticiparse tanto a las cosas cuando ni siquiera sabes si van a pasar. Cuando sucedan, veremos, ten fe". Pero en este caso, no es cuestión sólo de fe. Es cuestión de que tienes que conseguir que tus hijos y tus alumnos se sientan capaces. Sientan que pueden afrontar las cosas con valor y que tú vas a estar ahí. Cerca de ellos o no, pero sintiéndolo así. Habiéndoles ayudado a crecer emocionalmente saludables y hacerles sentir seguros y autónomos. Siendo siempre buenas personas, honestos y con personalidad, así como empáticos y amables. ¡Qué difícil!, ¿verdad? Pues sí, no nos vamos a engañar. Es la labor más difícil del mundo y por eso yo, quiero aportar mi pequeño granito de paz para que podamos conseguirlo entre todos.

A lo largo de este camino, también encontrarás una serie de propuestas didácticas que sé que te van a ayudar. Podrás descargártelo en tu dispositivo y serán tuyas para siempre. Para que puedas utilizarlas en clase con tus alumnos o en casa con tus hijos. No hay mejor manera de consolidar las emociones si las trabajamos entre todos y nos conocemos mejor. Sólo así, podremos aprender diferentes herramientas que nos ayudarán a desarrollas nuestras habilidades sociales.

Esto no ha hecho más que empezar, así que si estás leyendo esto, tú, mamá, papá, abuelo o tío, compis de profesión y otros educadores: VAMOS A DARLE ESPACIO AL APRENDIZAJE EMOCIONAL. Yo te voy a apoyar en el proceso, tú solamente déjate llevar. Es necesario, y sabes tan bien como yo, que si desde pequeños les ayudamos a conocerse y les dejamos expresar sus sentimientos y emociones de manera saludable, sin represión pero con respeto y con libertad, serán capaces de gestionarse mejor a lo largo de su vida, tanto en sí mismo como en sus relaciones sociales.

De Infantil a Primaria suceden muchos cambios en los niños y en las niñas de los que debemos estar pendientes. No es nada preocupante pero sí nos debemos de ocupar como responsables de su crianza. Siempre con respeto, cariño y paciencia, mucha paciencia.

Educar para el cambio es tener presente que cada uno somos diferentes y que no todos necesitamos lo mismo. A lo largo de mi experiencia como docente, me he encontrado con personas que no daban importancia a "esto de lo emocional". "Otra moda nueva", decían algunos. Y yo, sinceramente, si es una moda nueva o no, no me importa. Lo que sé y tengo constancia es que funciona. Y funciona muy bien. Sé de primera mano que siempre ha habido profesores que enseñaban así. Aunque fueran "de la antigua usanza". Había (y sigue habiendo) algunos que te decían "Anda anda, eso son tonterías", y otros que, afortunadamente, te daban tu espacio y te ayudaban a entender qué sentías, por qué lo sentías y, sobre todo, te escuchaban sin juzgarte intentando ayudarte en todo momento.

Eso es esencial. ¿Continuamos?

COMPRENDEMOS LA INTELIGENCIA EMOCIONAL

Empiezo la aventura haciéndote una pregunta muy sencilla, o quizá no: ¿Qué es ser emocionalmente inteligente? Nosotros como adultos podemos desarrollar su significado gracias a nuestro conocimiento y a las experiencias vividas, pero ¿cómo le enseñas a un niño esto? Vamos por pasos.

Cuando hablamos de Inteligencia Emocional no podemos dejar de pensar en Daniel Goleman. Este gran maestro de la vida nos acercó a este maravilloso mundo y nos explicó que la Inteligencia Emocional es definida como *la capacidad para entender y manejar correctamente nuestras emociones y comprender las de los demás. Sintiéndonos motivados y sabiendo adaptarnos ante los cambios.* Parece sencillo, ¿verdad? La realidad es que necesitamos mucho tiempo y mucha práctica para poder desarrollar esta capacidad. Una persona es emocionalmente inteligente cuando es consciente de sus estados emocionales. No sólo los positivos y agradables, sino también la frustración, la nostalgia o emociones más sutiles. Estas personas son especialmente empáticas y sensibles a las señales emocionales propias y de su entorno.

Goleman expuso una clasificación de la Inteligencia Emocional que se divide en dos modelos fundamentales: la inteligencia intrapersonal y la interpersonal.

LA INTELIGENCIA INTRAPERSONAL:

Es la habilidad que tenemos las personas para conocernos y entender nuestras conductas, sentimientos, fortalezas y debilidades, nuestros sueños...

LA INTELIGENCIA INTERPERSONAL:

Es la capacidad para socializar, comunicarse debidamente con otros, empatizar y apoyarlos emocionalmente. De esta manera, una persona con este tipo de inteligencia será capaz de proceder de la manera más efectiva para ayudar a los demás.

Ambas forman parte de la *La teoría de las inteligencias múltiples,* del estadounidense Howard Gardner en el año 1983.

Las características más importantes de la IE se basan en cinco pilares básicos:

- Reconocer nuestras emociones y entenderlas.

- Estabilizar y gestionar las emociones.

- Escuchar a los demás para interpretar lo que les pasa y lo que desean expresar, mostrándote empático y paciente.

- Comprender nuestra manera de actuar y nuestra conducta, así como su impacto en los demás.

- Sentir libertad para expresar nuestras emociones, siempre con respeto hacia nosotros mismos y los demás.

Otro aspecto esencial de la Inteligencia Emocional, son las tres habilidades que desarrollamos:

La HABILIDAD DE MANEJAR NUESTRAS EMOCIONES, incluyendo tanto saber regular nuestras emociones cuando sea necesario como ayudar a otros a conseguir lo mismo.

La CONCIENCIA EMOCIONAL, siendo esta la capacidad de diferenciar las emociones, identificarlas y saber colocarlas dónde corresponden.

La CAPACIDAD DE APROVECHAR ESAS EMOCIONES y lo aprendido en las diferentes experiencias, para aplicarlo a otras tareas como la resolución de conflictos.

Al no existir escalas de medición o pruebas psicológicas firmes que determinen la Inteligencia Emocional, muchas personas argumentan que no es una enseñanza real y dudan de su eficacia, ellos sólo defienden que es otra descripción más de las habilidades interpersonales que conocemos. No obstante, el concepto de Inteligencia Emocional, en otros casos denominado Cociente Emocional, cada vez está ganando más terreno en la Educación. En 1995, cuando Daniel Goleman publicó su libro *La Inteligencia Emocional*, este empezó a difundir y defender la idea de que la capacidad de comprender y gestionar las emociones aumenta en gran medida nuestras posibilidades de éxito. Y así es. Si conoces tus fortalezas y debilidades, tu autoestima es plena y segura, y sabes manejar tus emociones en diferentes situaciones, la seguridad en ti mismo va a ser mucho mayor a la hora de enfrentarte a nuevos retos.

Y ahora me preguntaréis: *"Vale María, pero ¿cómo conseguimos que nuestros hijos desarrollen la Inteligencia Emocional?"*. Os digo ya que esto no es cuestión de un intensivo de verano. La Inteligencia Emocional se desarrolla durante toda una vida. Aprender a inspeccionar las emociones para que no tomen el control sobre ti a la hora de actuar es un proceso complicado en el que necesitan nuestra guía.

- **Ayúdale a mejorar su autoconciencia y autoconocimiento** para que sea el principal conocedor de sus emociones.

- **Fomenta la comunicación verbal o la expresión escrita** para plasmar experiencias que hayan marcado algo importante en su vida. Seguro que encontraréis el momento en el que te lo contará, confía, pero mientras le vendrá bien desahogarse escribiendo lo que siente.

- Como su figura de referencia, **transmítele confianza y tranquilidad** en los momentos en los que menos lo merezca porque será cuando más lo necesite. Como madre, todas sabemos que hemos "perdido los papeles" demostrando nuestros nervios ante algo que han hecho o que ha sucedido, y eso es normal. Somos humanos. Lo que quiero decir es que todos cometemos errores y es ahí, cuando realmente necesitamos sentir el cariño y el apoyo de los nuestros, sobre todo, cuando somos pequeños.

El desarrollo emocional de cada uno está unido a la capacidad que tenga cada individuo para manejar sus emociones de manera efectiva, permitiéndonos afrontar la vida de manera equilibrada, es decir, lo que todos conocemos como bienestar pleno. Por esta razón, es importante educar en Inteligencia Emocional, ya que nos beneficiará en conseguir más éxito en nuestra vida personal y profesional, así como ayudarnos a sentir plenitud y paz con nosotros mismos.

A nivel personal, ser emocionalmente inteligente favorece el sentirnos mejor en las relaciones con las personas de nuestro entorno. Aprender a conocernos, comprendernos y gestionar nuestras emociones nos ayuda a acercarnos a lo que sienten los demás y ponernos en su lugar. También nos hace tener más seguridad a la hora de tener conversaciones en las que, por ejemplo, no estamos tan cómodos y tengamos que dar nuestra opinión sin herir a los demás. Para los niños es una herramienta crucial en su desarrollo, ya que desde su nacimiento y crianza con hermanos y/o primos, hasta posteriormente sus relaciones escolares, se irán enfrentando a ciertas circunstancias y complejidades emocionales que aparecerán en sus vidas. Tú, como educador, madre, padre o abuela debes ayudarles a que se sientan plenos y empoderados para la vida que les viene por delante. Debes fomentar las relaciones basadas en el respeto y el cariño, en el escenario que sea, da igual en el colegio, en casa o en otras experiencias que vais a vivir juntos. Debes escucharles, dedicarles tiempo de calidad y mostrarte interesado por sus cosas. Nada de lo que te cuente será "una tontería" (aunque entiendo que después de veinte repeticiones sobre el mismo tema desconectes un poco tu cerebro y sigas pensando en qué vais a preparar para cenar). Pero sinceramente, uno de los aspectos más importantes bajo mi experiencia como docente y madre de dos pequeñas es la importancia de hacerles comprender su papel y contribución dentro de la familia o de la comunidad escolar. Esto les ayudará notablemente a sentirse importantes, créeme.

A nivel social, la IE nos enseña a resolver conflictos con respeto y empatía. Nos ayuda a crear una cultura de amabilidad y colaboración que nos proporcionará seguridad y sentido de pertenencia. El **SENTIDO DE PERTENENCIA** es un componente fundamental en el desarrollo psicológico y emocional de cada individuo, sobre todo, en la infancia y en la adolescencia. Sentirse parte de un grupo, ya sea en el colegio, en la familia o entre iguales, es necesario para sentirse seguro, valorado y amado por las personas que nos rodean, trascendiendo positivamente en nuestro autoconcepto y en el sentido de identidad. Es lícito señalar que toda la comunidad educativa debería estar volcada en esta educación. Debemos esforzarnos por crear un ambiente de respeto y confianza, donde seamos capaces de celebrar los logros, pero dónde también haya hueco para validar otras emociones.

En familia, por ejemplo, podemos establecer una serie de rituales en los que hablemos de nuestras emociones o hagamos dinámicas emocionales (más adelante os enseño de qué se tratan). Podemos llevar a cabo diferentes experiencias todos juntos y posteriormente hablar de cómo nos hemos sentido a través de una conversación honesta y respetuosa por todas las partes. Cuando exaltamos los éxitos, nuestra autoestima se eleva a niveles estratosféricos que nos hacen "hincharnos como un pavo". Con esto me refiero a que sentirse bien con uno mismo y saber que formas parte de algo es de las sensaciones más importantes (y bonitas) que nos llenarán de plenitud y satisfacción personal.

Si continuamos hablando de la Inteligencia Emocional no podemos olvidarnos de sus componentes y los beneficios de la misma.

Según Goleman, la IE se compone de cinco elementos fundamentales que debemos tener en cuenta:

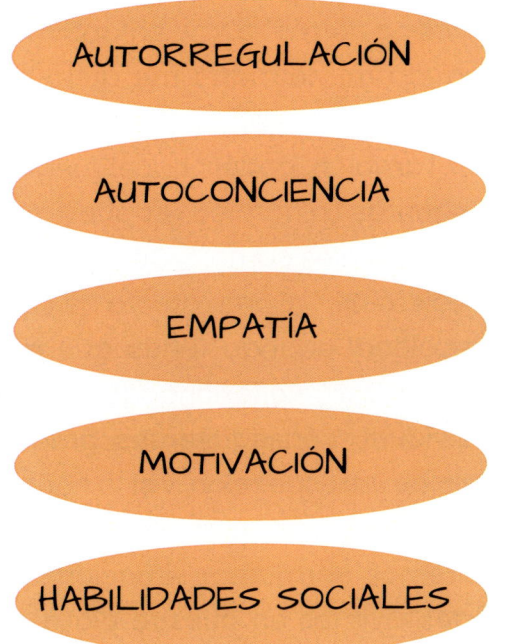

AUTORREGULACIÓN

AUTOCONCIENCIA

EMPATÍA

MOTIVACIÓN

HABILIDADES SOCIALES

La AUTORREGULACIÓN se caracteriza por ser la habilidad que pilota el avión de nuestras emociones y sabe controlarlas de manera adecuada. Como ejemplo real, diríamos que es ser capaces de medir la espontaneidad e impulsividad en ciertas situaciones. También es entender cómo debemos comportarnos en los diferentes escenarios de nuestra vida cotidiana y saber estar. Responder a las situaciones según los valores personales y siendo reflexivo nos ayudará a fomentar nuestra autorregulación. Para trabajar este elemento con los más pequeños podemos enseñarles a respirar adecuadamente. De esta manera, podrán aprender a calmar su volcán interior y a ser conscientes de qué hacer las próximas veces que sientan esa emoción. Otra técnica maravillosa es el Mindfulness. Esta práctica consolida la capacidad de concentración de los niños y les retira temporalmente de la reducción del estrés percibido, calmando sus mentes y reduciendo su ansiedad.

La AUTOCONCIENCIA es esencial en la Inteligencia Emocional. Se trata de la capacidad de reconocer las emociones tanto de sí mismos como en los demás (conciencia social) y las alteraciones que generan en nosotros y en nuestro entorno. Esa autoconciencia se inicia con la reflexión. Evaluar cómo las emociones influyen en nuestros pensamientos y, sobre todo, en nuestras conductas, tanto actuales como futuras, nos ayudará a conocer los motivos que nos han llevado a sentir eso. De esta manera, lo podremos reconocer, gestionar y asociar con algo que nos enriquezca, para empezar a concienciarnos de qué o cómo debemos trabajarlo. Para fomentar la autoconciencia con tus hijos o con tus alumnos tan sólo debes hablar con ellos. Animarles a expresar sus emociones en grupo y/o individualmente es un gran inicio para que, desde pequeñitos, aprendan la necesidad de hablar sobre sus sentimientos y emociones con libertad. Proporcionándoles confianza y paciencia, se sentirán seguros y les ayudará a manejar situaciones de estrés. Por ejemplo, invita a tus hijos a que nombren qué emoción o emociones sienten en situaciones cotidianas como "estoy triste cuando no me leéis un cuento antes de dormir" o "me enfada mucho cuando mi hermana me quita el juguete que justamente acabo de coger yo". También, podéis hacer juegos de preguntas (dinámica propuesta en el punto 6) tales como: "¿Cuáles son mis fortalezas?", "¿Cómo afecta mi estado emocional cuando tengo que tomar decisiones?". Reflexionando de forma individual, conseguiremos gran trabajo de introspección, y si lo hacemos de forma grupal o en familia, conseguiremos normalizar situaciones que todos vivimos en nuestro día a día y que no nos hacen sentir bien, e incluso apartar posibles tabúes que puedan existir. Gracias al estímulo de la autoconciencia, con el paso del tiempo los niños serán capaces de identificar lo que les pasa, justo cuando la emoción va a llegar cual DANA de verano.

La EMPATÍA. Saber escuchar de forma activa es la clave para desarrollar la empatía. Según la RAE (Real Academia Española), es el sentimiento de identificación con algo o alguien, así como la capacidad de identificarse con alguien y compartir sus sentimientos. Por esta razón, debemos cultivarla en los más pequeños y fomentarla tanto en casa como en las aulas. Para ello, podemos hacer dinámicas de grupo que nos permitan conectar emocionalmente con los demás y poder así desarrollar relaciones sociales saludables. Les invitaremos a hablar, a expresar sus sentimientos y a hacer juegos de roles en los que practicarán la comunicación verbal y no verbal, así como la gestión de conflictos.

La MOTIVACIÓN es un elemento fundamental en el desarrollo de la IE. Anteriormente, hablaba de la celebración de logros y elogios. No quiero decir que estemos todo el día "adorando" al rey o reina de la casa. Ni que le digamos lo bien que lo hace cada vez que haga algo chulo. A lo que me refiero es que el ser humano necesita aliento para sentirse motivado. Necesita credibilidad y coraje para sentirse perteneciente y florecer dando su mejor versión. Como docente y madre, considero que la motivación es primordial en la enseñanza de hoy en día. Los niños y los adolescentes se encuentran en una sociedad llena de falsas creencias y apariencias irreales. Necesitan descubrir motivación en lo que sí es real y en lo que merece la pena, pudiendo conectar consigo mismo y encontrando el foco en el que persistir, manteniendo siempre (o intentándolo), una actitud positiva ante las dificultades.

Las HABILIDADES SOCIALES. Para desarrollar y mantener relaciones saludables, primero necesitamos madurar nuestras habilidades sociales. La capacidad de interactuar de manera efectiva con los demás, te ayuda a construir patrones de conducta que te acompañarán el resto de tu viaje. Como ya sabéis, las habilidades sociales son el conjunto de destrezas y aptitudes que nos permiten interactuar con respeto y educación con los demás. La comunicación efectiva y la colaboración son esenciales en la resolución de conflictos así como en la realización de cualquier actividad en grupo. Enseñarles a ser asertivos y expresarse firmemente, pero con respeto y tolerancia, es un camino muy largo en el que tenemos que ir ayudándoles a colocar sus propias baldosas amarillas.

Para guiarles en el desarrollo de habilidades sociales, el aprendizaje cooperativo es el camino que debemos seguir. Una dinámica muy divertida es crear una *cadena de necesidad*, en la que los niños, las familias o los estudiantes dependan entre ellos para conseguir alcanzar un objetivo. Otra opción son los juegos de construcción grupal, escape room y otras dinámicas que requieran colaboración. Mientras fomentamos el sentido de equipo y trabajamos juntos hacia un objetivo común estamos ayudando al desarrollo de las habilidades sociales. En este tipo de juegos, también podrás ayudarles a desarrollar sus puntos fuertes para que de manera paralela, la motivación siga creciendo mientras ayuda a los demás en esta experiencia conjunta. Además, recuerda que los niños siempre tienen un modelo a seguir y ese puedes ser tú. A través de la *ejemplificación*, podéis jugar a hacer un teatro en el que trabajéis diferentes conflictos que han sucedido durante el día. Al finalizar el juego, hablaréis en grupo, debatiréis y cada uno dará su punto de vista o comentará lo que le ha hecho sentir. Juntos llegaréis a una o varias soluciones. Por último, no podemos olvidarnos del refuerzo positivo, ya que será la llave que nos abrirá el portón de las relaciones saludables, tanto personales como interpersonales. Los adultos debemos reconocer y reforzar el desarrollo adecuado de las habilidades sociales de los niños. Debemos ensalzar a un alumno, a una compañera o a nuestros hijos por haber hecho algo beneficioso y por haberse esforzado en conseguirlo. Alegrarse del bien ajeno es esencial para ser feliz. Sólo así, conseguiremos ayudarle a afianzar comportamientos y continuar forjando el autoconcepto y sus habilidades sociales.

Educar para el cambio a través del aprendizaje emocional ayudará a los más pequeños a tener un gran bagaje sensitivo con el que desenvolverse a lo largo de sus vidas. El aprendizaje emocional va mas allá del desarrollo académico aunque sí que van de la mano. Vamos paso a paso.

El APRENDIZAJE EMOCIONAL

Es un proceso persistente y duradero que se centra en el crecimiento personal y social para permitir a los niños, reconocer y entender sus emociones, expresarlas conscientemente y saber tomar buenas decisiones. Los niños desenvuelven una comprensión profunda de sus emociones mostrándose reflexivos, y aprendiendo a gestionarlas de forma significativa. Es decir, un niño comprende que cuando se enfada, se pone nervioso y llora sin cesar, y cuando vive una situación que le lleva a esta emoción, sabe qué es lo mejor para él mismo y a veces trata de hacerlo. No es suficiente con saberlo, lo importante es entender cómo aplicarlo en el momento necesario.

Los objetivos del aprendizaje emocional son los aliados de los componentes de la Inteligencia Emocional. Junto al reconocimiento de nuestras propias emociones, aprender a manejarlas y saber canalizarlas, se une la conciencia social. Cuando aprendemos, el entorno tiene mucho que enseñarnos, no sólo a través de los sentidos, sino también de las personas. Percibir cómo se sienten los demás y aportarles lo que necesitan es complicado, sobre todo, en edades tempranas. Fomentar habilidades de comunicación y de relación con los demás es esencial para que el aprendizaje emocional sea efectivo.

Dentro de este gran mundo, encontramos que el aprendizaje emocional puede ser de dos tipos: cognitivo y asociativo.

EL APRENDIZAJE EMOCIONAL COGNITIVO

Es cuando el niño utiliza el razonamiento, la toma de decisiones y la autoconciencia para asimilar y pilotar sus emociones. Imaginaros una situación familiar en la que dos hermanas están peleando por una croqueta que hay en el plato de la cena. La niña pequeña la coge y la mayor siente ira y envidia. En ese caso (y según nos pille) hablaremos con ellas tras la alocada tertulia. Les pediremos que digan el nombre de la emoción que sienten y después, les guiaremos para reflexionar sobre cómo podemos solucionar esa situación, manejándolo de forma positiva y pacientemente. Pensaremos opciones agradables para todos y elogiaremos el logro común mientras trabajamos los objetivos de forma individual.

Por otro lado, el

APRENDIZAJE EMOCIONAL ASOCIATIVO

Es un proceso más inconsciente, ya que es automático. Esto no quiere decir que no seamos conscientes de este aprendizaje, es que al ser emociones percibidas por los sentidos, el cerebro no es tan consciente y no puede controlarlo de forma inicial. Cuando relacionamos un estímulo, una emoción o una persona, con una experiencia y esto genera una reacción, se convertirá en una creencia real a lo largo de tu vida. Por ejemplo, si suenan cohetes y petardos, lo podemos relacionar con las fiestas. Nos puede gustar o no, pero generará en nosotros ciertas sensaciones y emociones que recordaremos siempre. Esto lo podemos ver en una situación de ansiedad escolar por parte de un estudiante que siempre se siente angustiado antes de una prueba, ya que en el pasado ha obtenido malas notas y críticas a pesar de su esfuerzo. En este caso, la réplica inmediata en otra situación similar va a ser ansiedad aunque se haya preparado el examen o la prueba a conciencia. (Otro tema es que se sienta agobiado porque piensa que no lo va a hacer bien o que no es capaz. Ahí entraría la autoestima, la autorregulación y la autoconciencia, como hemos hablado anteriormente). En este caso, necesitaríamos la ayuda de un experto para la intervención. Desasociar emociones negativas de los contextos es tarea de un profesional, aunque esto sería en casos más extremos y complicados.

Para desarrollar el aprendizaje emocional, necesitamos ser docentes competentes y emocionales. No digo que seamos ñoños o cursis, no señor. Un profesor especialista en aprendizaje emocional es quien:

- Está en continuo crecimiento personal y profesional.

- Su auto-reflexión y localización de mejoras en sus habilidades emocionales y sociales es incesante. (También sobre su práctica docente y su impacto en los alumnos)

- Sabe generar un entorno seguro, donde aprender sin miedo al fracaso y sin vergüenza.

- Presenta habilidades sólidas para interactuar adecuadamente con las familias y el equipo docente, aportando ideas constructivas, creativas y firmes.

- Ayuda a las familias a fomentar estrategias para la educación emocional en casa.

- Establece conexiones reales con los estudiantes, sabe entenderlos y disfruta ayudándoles.

- Su comunicación y su escucha activa son sus características principales.

- Es flexible y se adapta a las necesidades individuales de los alumnos.

- Valida las emociones de los demás y sabe dar espacio.

- Sus actos reflejan sus valores de cooperación y respeto.

- Es emocional, (quizá algo intenso), pero es muy real.

Si te das cuenta, tú estás en el camino de ser un docente en aprendizaje emocional, o incluso ya lo eres. Te preocupas por el bienestar de tus alumnos y siempre tratas de dar lo mejor de ellos y de ti mismo. Sabes que este tipo de aprendizaje es esencial para su futuro y su bienestar integral. Les escuchas y les das validación. Les entiendes y les aportas seguridad. Te esfuerzas por ser el mejor modelo a seguir, siendo perseverante en cultivar sus semillas para ayudarles a generar la energía necesaria y el valor para enfrentarse a desafíos emocionantes. Lo eres.

Aunque bueno, puede ser también que todavía sigas pensando que esto de la Inteligencia Emocional, no sirve para tanto...

LA TRANSICIÓN DE INFANTIL A PRIMARIA. DESAFÍOS Y EXPECTATIVAS

Una vez que hemos comprendido qué es la Inteligencia y el aprendizaje emocional, y su importancia dentro del desarrollo y el aprendizaje de los niños, vamos a entender qué ocurre en estas etapas.

Algunos niños comienzan su etapa escolar en las escuelas infantiles cuando son bebés. Digamos que durante ese inicio, sus necesidades principales son ser estimulados y bien cuidados. Aprender a comer, iniciarse en la autonomía y empezar a desarrollar habilidades sociales será primordial para su desarrollo futuro. Esto no quiere decir que los niños que no van a las escuelas infantiles no van a ser estimulados y educados, no. Pero está comprobado y estudiado, que los niños que acuden a estas escuelas demuestran mejoras en sus conductas con los demás y es beneficioso para su desarrollo psicológico y social. Además, esta experiencia les ayudará a estimular su comunicación verbal, su psicomotricidad y, sobre todo, les preparará frente a su futura escolarización.

La etapa desde los 3 hasta los 6 años es crucial. En ella, se observan y se producen avances significativos en el desarrollo cognitivo, social, emocional, físico, motor y moral de los niños.

En su desarrollo cognitivo, Piaget defendía que los niños empiezan a desarrollar el pensamiento simbólico en esta edad, es decir, usan palabras, objetos e imágenes para representar otras cosas. No obstante, siguen en la etapa de egocentrismo y suelen interpretar el mundo desde su realidad. Su lenguaje muestra una evolución asombrosa, ya que aumenta rápidamente su vocabulario y la complejidad del mismo. Es destacable hablar del juego simbólico, ya que a través de la imaginación y este tipo de juego, exploran roles y situaciones imaginarias que les ayuda a ser conscientes de las emociones y sensaciones generadas, acercándoles al mundo real.

Para hablar del desarrollo social es importante hablar de cómo madura la empatía. Poco a poco, se empiezan a

mostrar capaces de comprender los sentimientos de los demás y a darse cuenta de que el mundo no gira en torno a su ombligo. Aunque no te puedo engañar, a ciencia cierta nadie te puede decir a qué edad se producirá esto. Son muchos los factores internos y externos que afectan al desarrollo de la empatía. Hay niños que se muestran empáticos con 4 años y otros con 12 siguen egocéntricos y egoístas, aunque ahí amigos, siento deciros que empezará otro de los retos más importantes de la educación. Su interacción social empieza a expandirse y sus habilidades sociales comienzan a fortalecerse (compartir, cooperar, respetar turnos...). El juego es más cooperativo y aunque en ocasiones sigan jugando en paralelo (al lado de otros niños pero sin interacción), empiezan a establecer relaciones sociales y juegos de colaboración.

En referencia al desarrollo emocional que se produce a lo largo de esta etapa, como hemos hablado anteriormente, es aquí cuando comienzan a graduarse las emociones y se empieza a forjar la autoestima y el autoconcepto. Aunque lógicamente todavía siguen necesitando ayuda y soporte emocional por parte de un adulto para manejar frustraciones o situaciones tensas, los niños progresan notablemente en su capacidad para identificar y regular sus emociones. No podemos olvidarnos, que a lo largo de estos años es cuando se forman las raíces emocionales y las creencias. Saber quiénes somos, qué aportamos y qué necesitamos es algo que se cultiva a través de las experiencias vividas.

El desarrollo físico y motor son los que más evolucionan en estos años. Su motricidad fina avanza significativamente en tareas de precisión manual como recortar, amasar plastilina, construir bloques pequeños o pegar pegatinas en lugares indicados. En esta etapa, los niños empiezan a desarrollar la coordinación óculo manual, en la que los ojos fijan un objetivo y son las manos las que ejecutan una tarea concreta. Esta habilidad es fundamental para el aprendizaje de la lectoescritura. Lo mismo ocurre con el desarrollo motor grueso. Desde los 3 hasta los 6 años, se empiezan a desarrollar habilidades como la coordinación, el equilibrio y la fuerza, que les ayudará a la hora de saltar, trepar, correr...

Y por último, hablaríamos de la autonomía y la moralidad. Así es. Durante estos años, los niños aprenden a diferenciar lo que está bien de lo que está mal. Aunque inicialmente lo comprendan y lo apliquen para evitar la consecuencia, posteriormente el desarrollo moral empieza a coger fuerza. Sobre la autonomía, no podemos dejar de recordar el "yo sola mami". Desde muy pequeñitos quieren hacer por sí mismos todo, comer y poner todo perdido, tirarse el vaso de agua porque se pasan de fuerza a la hora de cogerlo... Por eso, nosotros como padres tenemos que perder el miedo a "la va a liar" y dejarles que empiecen a tomar decisiones sencillas y enfrentarse a las consecuencias de sus elecciones. Eso les ayudará a ser conscientes de la relación acción – consecuencia. Es importante dejarles hacer, ya que el desarrollo de la confianza se basa en la propia confianza por parte de las personas de su entorno. Mamá, papá, profe, CONFÍA. ¿Qué pasa si se mancha con los espaguetis y el tomate? Que sí, que entiendo que es una faena porque quizá esa mancha quede permanente pero, ¿eso es lo peor? Déjalo decidir en pequeñas cosas y confía en él, no sabes lo que le ayudará sentir eso de ti. No lo olvides.

Madre mía, entonces, cumplen los tres años (que ya sabéis pasa volando...) y a Educación Infantil. Pero, ¿qué pasa en Infantil?

La enseñanza en esta etapa tan enriquecedora se basa en el juego, como herramienta principal del aprendizaje. Descubrir, explorar y empezar a comprender el mundo que les rodea de manera lúdica son las bases de Educación Infantil. Es una etapa que se centra en el desarrollo integral del niño fomentando la creatividad, las habilidades sociales y la autonomía. Su enfoque pedagógico se asienta sobre el respeto hacia el ritmo individual de cada niño, generando siempre un ambiente acogedor y de confianza. Pensad que este espacio es otro de los ambientes principales para nuestros hijos, pasan muchas horas allí aprendiendo de cada estímulo que perciben. Los años de Infantil marcarán al niño a lo largo de su experiencia académica (con esto no quiero decir que le condicione, no es lo mismo). Las emociones sentidas será el principio de una vida emocional en la que necesitarán nuestro refuerzo de forma inicial y nuestro acompañamiento futuro, pero serán ellos los que terminen de consolidar su autoconciencia y su autoestima.

Por el mismo hilo se empieza a coser 1º de Primaria, aunque posteriormente en esta etapa que se extiende hasta los 12 años, la disposición del aprendizaje es más estricta, ya que se espera que los alumnos adquieran unas habilidades determinadas y unos objetivos concretos, como puede ser en lectoescritura o razonamiento lógico-matemático. El entorno de aprendizaje es más ordenado y fomenta la responsabilidad y la autonomía y, a medida que navegan en Primaria, van asumiendo un rol más activo en su aprendizaje. Se empieza a desarrollar el pensamiento crítico, ya que su pensamiento se vuelve más lógico y menos egocéntrico, siendo capaces de comprender los problemas que surgen en su día a día e intentando resolverlos eficazmente. En la etapa de Educación Primaria se espera que los alumnos empiecen a ser más independientes, no sólo académicamente, sino también socialmente. Aprender a gestionar sus materiales escolares, empezar a gestionar sus tareas o llegar a acuerdos en conflictos que hayan surgido en el patio del colegio son señales de que los niños están desarrollando su responsabilidad y autonomía. Además, al ser un aprendizaje más estructurado, la adaptación a las nuevas rutinas puede suponer un reto para ellos. Estar sentados más tiempo, adecuarse a horarios más estrictos y mantenerse concentrados de forma prolongada, podría ser en lo que muestre más dificultad inicialmente, (o no).

Como ya he dicho en varias ocasiones, cada niño es único y su desarrollo es individual. Claro que hay patrones y percentiles, pero no debemos guiarnos de "lo normal", debemos conocer su punto de partida y acompañarle en el camino. Después de 11 años como profe de 1º de Primaria, me he dado cuenta de que los niños nunca dejarán de sorprendernos. La mayoría de los niños que "suben de Infantil" se adaptan perfectamente en las primeras semanas. Como madre, también he tenido esa incertidumbre y os puedo asegurar que con comprensión, cariño y paciencia, conseguiremos que se sientan seguros y confiados para enfrentarse a los retos de esta etapa.

Como padres, es fundamental entender cómo "funciona" la relación entre iguales y cómo podemos ayudar a nuestros hijos durante el proceso para fomentar su crecimiento social y emocional.

De los 3 a los 4 años se dan las primeras interacciones sociales. Eso no quiere decir que algunos niños con 2 añitos ya jueguen con amigos o con hermanos, pero es a partir de esta edad cuando empiezan a tener interés por saber a qué juegan los demás y participar. También hay momentos de juego paralelo, ya que siguen necesitando ese momento de juego individual. Por otro lado, la observación e imitación aparecen en el camino. A partir de los 4 años empiezan a imitar a las personas que le rodean: compañeros, familia, hacen "burla" y repiten cual loro. Al haber interacción entre iguales, comienzan los conflictos por los juguetes o por no respetar los turnos, pero estas disputas tan solo son ocasiones perfectas para compartir ideas y llegar a acuerdos, que les proporcionará seguridad y experiencia para futuras discrepancias.

De los 4 a los 5 años empiezan los juegos cooperativos. Empiezan a entender las reglas sociales así como las de los juegos y son más capaces de respetar el turno y empezar a tener paciencia. Sigue manifestándose el egocentrismo pero cada vez se muestran más reflexivos y van desarrollando poco a poco la empatía. A lo largo de este año, empiezan a formar sus primeras relaciones intencionales y el pilar de la amistad comienza a forjarse. El juego simbólico es parte de su día a día, ya que juegan "a tiendas", "a familias", dónde asumen roles concretos y se manifiestan como tal. Y aunque los conflictos siguen siendo habituales, los niños empiezan a tener más herramientas para resolverlos, de no ser así, hay que enseñarles la importancia de pedir ayuda a un adulto para guiarles en la gestión.

● **De los 5 a los 6 años,** la relación entre iguales empieza a ser más compleja. El sentido de pertenencia y colaboración cogen el mando y se empiezan a formar relaciones sociales significativas. En esta etapa, el desarrollo de la autoestima es esencial para que los niños crezcan sintiéndose seguros y capaces. Su juego es más complejo basándose es reglas más afinadas y con más organización, siendo de gran ayuda para fomentar el desarrollo de habilidades de trabajo en equipo y cooperación. Lo mismo ocurre con la resolución de conflictos. A partir de esta edad es cuando los niños demuestran más destrezas a la hora de resolver ciertas situaciones a través del diálogo y la negociación, ya que comprenden la perspectiva de los demás, su empatía está más desarrollada y sus habilidades sociales están en pleno crecimiento.

Y ahora que ya entendemos qué pasa en estas etapas, ¿no creéis que también será necesario saber cómo podemos acompañarles durante la expectante transición de Infantil a Primaria? Vamos allá.

En este momento, el papel de las familias es primordial. El vínculo entre el hogar y la escuela se ve fortalecido gracias a la colaboración de las familias con la comunidad educativa, creando un entorno unificado que refuerza el desarrollo emocional, social y académico de los niños. La comunicación constante entre la escuela y las familias garantiza una rápida actuación si sucede alguna preocupación. Si conseguimos una comunicación abierta y estable con la escuela, también les ayudaremos a que conozcan más a nuestros hijos y su contexto, pudiendo adaptarse mejor a sus necesidades y proporcionándole un ambiente acogedor y seguro. Cuando los niños ven a sus padres colaborando con sus profesores y aprobando lo que dicen, desarrollan un sentimiento de seguridad y confianza en ellos, construyendo así, una comunidad de aprendizaje donde la educación es vista como un esfuerzo compartido y de compromiso mutuo.

DALE APOYO EMOCIONAL SIEMPRE QUE LO NECESITE.

Pregúntale qué tal ha ido el día y qué es lo que más le ha gustado (pero sin hacerle el interrogatorio de 1.000 preguntas que tienes pensadas.) Quizá no le apetezca contar cuantos ejercicios de matemáticas ha hecho o si ha comido macarrones con tomate o a la carbonara. Te aseguro que te contará en el momento que menos te lo esperes. Mis hijas siempre aprovechan el momento post cuento nocturno para contarme cosas sin que yo les pregunte nada, es alucinante, pero es así. La mayor se beneficia de la oscuridad de la noche y el calor de mis abrazos para desahogarse sin una sola pregunta por mi parte, es increíble como si les damos tiempo, ellos serán quienes querrán hablar (luego, mi querida Silvia Álava os contará por qué).

AYÚDALE CON RUTINAS QUE LE FACILITEN SU DÍA A DÍA:

Horarios fijos para dormir entre semana, desayunad en el mismo lugar antes de ir al cole, si tiene tarea escolar, llevarla a cabo siempre en el mismo espacio (su habitación o un lugar de la casa tranquilo y sin distracciones), preparad la mochila la tarde anterior de forma autónoma (con un poquito de revisión por nuestra parte cuando son más pequeños).

APÓYALE ACADÉMICAMENTE Y SOCIALMENTE:

Así como fomentar el esfuerzo desde casa. Comparte momentos de lectura y/o escritura en familia, acércales a tu trabajo y si estás en ello, muéstraselo para que comprueben que tú también lo haces. Interésate por sus amigos, sus juegos en el patio, con quién ha jugado, cómo se ha sentido... te dará mucha más información de cómo está y podrás ayudarle si lo necesita. Trabajad juntos si se da la ocasión, cada uno en su espacio y respetando la concentración, será maravilloso compartir esos momentos juntos en los que ellos comprobarán, una vez más, que "mamá también lo hace".

Desde que somos niños, soñamos y deseamos absolutamente todo. La magia de la vida y su incesante misterio nos pone en nuestro camino interminables oportunidades para imaginar qué es lo que queremos, pensar en cómo seremos y ponernos las expectativas más altas para conquistar el mundo. Cuando somos pequeños, todo parece real y creamos situaciones imposibles que, en realidad, suenan muy bien en nuestras cabezas y parece que lo tenemos al alcance de nuestras manos, pero no. Cuando eres adulto, eres capaz de ser consciente de tus expectativas y puedes conseguir disfrutar del presente sin que te pesen tanto. Todos sabemos que las expectativas y la auto-exigencia van de la mano, y esto es justo lo que debemos cuidar, como padres y docentes a la hora de enfrentarnos a los desafíos de esta transición.

Tras diez años en primaria (once con el actual) y seis como madre, he sido consciente de que los niños no sólo deben adaptarse a las profesoras, nuevos compañeros, nuevos espacios... también tienen que ajustarse a un entorno con expectativas más altas, tanto académicamente como en el ámbito personal y social. A muchos niños les cuesta coger ritmo las primeras semanas, ya que no olvidemos que venimos de las vacaciones de verano, pocas rutinas (por no decir ninguna) y sueño alocado, y eso, quieras o no, influye. En vacaciones, sabes que el tema del paso a primaria sale una cien veces junto al comentario de "¿Tienes ganas, cariño?". Yo reconozco haberlo hecho, pero al hacerlo he sido consciente de que igual que yo necesito vacaciones para descansar y DESCONECTAR, mis hijas también. Y sí, vale, yo también hago alguna cosilla de trabajo en mis vacaciones o pienso cómo decoraremos el aula el próximo curso, pero como adulto, debemos transmitirle tranquilidad y seguridad. ¿Y si te dice que no tiene ganas? ¿Qué le vas a decir? ¿Qué como no tenga interés, la profe le va a llamar la atención y... se va a quedar sin jugar a su juego favorito? En plan de *"voy a achucharle para que "espabile" porque primaria no es infantil"*. ¡WoOw! Ahí salió la frase, "primaria no es infantil"... Estamos de acuerdo en que como adultos, somos conscientes de que no es lo mismo, pero tampoco es necesario "meterle miedo" pensando que si se da cuenta de que tiene que ser "aplicadito", lo va a ser. No señores. Cuanta menos comprensión, menos conexión.

Por otro lado, no podemos olvidarnos del cambio del enfoque académico. Pasamos de un enfoque exploratorio y más lúdico, a uno más estructurado y de más complejidad. Desde mi experiencia, creo que hay ocasiones en las que los niños y las niñas, que inicialmente no muestran interés por aprender en sus primeros días en primaria, puede ser por falta de motivación. Ellos consideran que es muy difícil y piensan que no son capaces, entonces pasan. En este caso, también influye mucho la madurez y la autonomía. Con la frasecita de "infantil no es primaria" algunos adultos (y quizá niños) piensan que entran desde el primer día y ya están sentaditos y quietecitos haciendo matemáticas o escribiendo una poesía tranquilamente, siendo autónomos en todo momento. Y perdonadme, pero no. Por supuesto que cada niño es diferente y hay muchos que suben a primaria siendo totalmente autónomos, pero... ¿en todo? Sabemos que no. Estoy de acuerdo en que el código de colaboración de clase es más estricto, vale, pero esas normas las hemos puesto entre todos a través de afirmaciones habiendo sido decidido de forma conjunta. (Y porfi, jamás uses frases que empiecen por "**no se puede** correr en clase" → usa mejor "andamos tranquilamente en clase". Dices lo mismo pero de forma positiva).

Las primeras semanas en primaria son primordiales para crear un ambiente cálido, seguro y cómodo para los niños y las niñas, así como para los adultos. Debemos intentar no empezar con prisas, darles tiempo y comprender que quizá se equivoquen de baño y se vaya al de infantil porque es el único que recuerda, o que coja las tijeras mal porque no ha vuelto a recortar desde junio. En mi cole, mis compis y yo hacemos una visita a la planta en la que van a estar y les enseñamos los diferentes espacios para que se familiaricen y conozcan su entorno. En casa, sabemos que septiembre es el mes de las rutinas, por eso, empieza ayudándole a adquirirlas poco a poco para que se sienta más seguro y menos perdido. Enseñarles a adquirir un hábito de estudio, no es para nada ponerles en una mesa a escribir diez veces algo para que lo aprenda, es empezar a guiarles por el camino que debe llevar para que su primer curso en primaria sea cómodo y significativo. Para ellos, uno de los desafíos más importantes que tú puedes evitar es que se sientan perdidos o incomprendidos, escúchales, por favor.

Como madre y docente, creo que debemos conseguir que los niños estén motivados y mantengan su interés, mientras fomentamos su curiosidad y la reflexión, ese es nuestro mayor desafío. Proporcionarles experiencias enriquecedoras será el mejor regalo del mundo. Recuerda que este proceso requiere un enfoque adaptativo y comprensivo por parte de los docentes y las familias. Sólo así, acompañaremos a nuestros hijos y a nuestros alumnos de forma significativa para sus vidas.

JUNTOS ES MEJOR. EL PAPEL DE LAS FAMILIAS

L a familia es nuestro hogar. Es donde normalmente podemos mostrarnos tal y como somos sin sentirnos juzgados. En la transición de Infantil a Primaria, el papel de las familias es primordial para asegurar que este proceso sea natural y agradable. Consolidar el vínculo entre el hogar y la escuela refuerza a los niños y a las niñas en su adaptación. Ir todos a una es muy importante.

Como responsables de la crianza de los más pequeños, debemos permitirles tomar decisiones, que no sean transcendentales pero si importantes, como preparar su mochila para el día siguiente y comprobar que está todo lo que necesita. Así, impulsaremos la autonomía mientras fortalecemos el sentido de independencia a través de la confianza y la comprensión, elementos cruciales para enfrentarse a sus desafíos futuros.

Establecer rutinas significativas en casa que vayan por el mismo hilo que las del colegio (por ejemplo, sentarse bien para comer o hacer las tareas bien sentados y concentraditos en un espacio tranquilo como puede ser la biblioteca en el colegio, o su habitación en casa), les ayudará a estructurarse y adaptarse mejor, ya que tanto en el cole como en casa haremos "lo mismo", ¿me explico? Es fundamental fomentar una comunicación abierta escuela – familia – alumno. Participar en actividades escolares y mantenernos orientados sobre el progreso de nuestros hijos nos permitirá como padres o como profesores, saber qué necesita y cómo. Como he dicho en varias ocasiones, cada niño es único y debemos partir de una base estable, para poder conseguir que su crecimiento emocional sea saludable y pueda ayudarle a lo largo de su vida. Hablar con nuestros hijos sobre el día a día, nos permitirá conocer sus experiencias, preocupaciones, sus emociones…

Todos necesitamos sentirnos escuchados, y aunque cuando hablo con la mayoría de los padres casi todos coincidís en eso de "*es que no cuenta nada*" o "*cuando le pregunto que qué ha hecho en el colegio me dice que lo de siempre y que todo bien*". Así es. Ellos no van a hablar cuando tú quieras, lo harán cuando encuentren su momento y en ciertas situaciones. En una tutoría, una mamá me contó que su hijo sólo hablaba del colegio en el coche mientras ella o su padre conducían. Es curioso que sea así porque es como si el niño, al no sentirse observado (ya que mamá o papá están atentos a la carretera) se abre y cuenta lo que siente sobre su jornada escolar. Eso me suena... Siempre cuento que mi hija mayor habla justo antes de irse a dormir, es alucinante. Una amiga

me contó que ella por la noche con su hija hablaba sobre lo mejor del día y lo peor, agradecía lo bueno que les había pasado y comentaban cómo cambiar lo malo de lo que habían hablado para conseguir que lo peor no fuera tan horrible y encontrar juntas una solución. Empecé a ponerlo en práctica y ahora son ellas las que no pueden irse a dormir sin que hagamos juntas esa pequeña rutina. (Gracias una vez más, amiga). En esos momentos antes de dormir, en los que nos acurrucamos juntas y nos ponemos a hablar a oscuras y con la típica musiquita que sale de una ranita dormilona que nos regalaron cuando mi hija pequeña nació. Es ahí cuando más cómodas se sienten, saben que estoy pero no nos vemos porque no hay luz. Se sienten despreocupadas, tranquilas y seguras. Y aunque la pequeña me dice que lo mejor de su día ha sido saludar a la señora ardilla, mi hija mayor me habla de cosas que han pasado en el patio con sus amigos y amigas, me cuenta que ha aprendido una cosa nueva en *science*, o

que ya es capaz de hacer sumas de tres cifras en matemáticas, y sí amigas, sin que yo pregunte nada... Dales espacio, ellos también necesitan desahogarse.

Hablando de emociones, no me puedo olvidar de recordaros la importancia de la gestión emocional en casa. Como padres debemos dar a nuestros hijos oportunidades para que se expresen libremente y nos cuenten lo mal que se sienten por haber hecho algo que no debían, contándolo SIN MIEDO. ¡Ojo! Eso no quiere decir que no nos tengan respeto, todo lo contrario. Cuando nos cuentan lo bueno, sabemos que es "lo normal", pero cuando nos hacen partícipes de algo que no es correcto, es su forma de desahogarse y pedirnos ayuda, consuelo y arrope. Por eso ahí, yo sé que es complicado pero debemos intentarlo, no hay que enfadarse con ellos o regañarles. Debemos mostrarles nuestro descontento con la situación pudiendo haber una consecuencia para que no vuelva a suceder (aclaremos que no

es lo mismo que un castigo, por favor). Cuando hablamos de consecuencia, hablamos de que si no comes no te voy a "castigar" sin ir al parque, la consecuencia es que vas a tener hambre (consecuencia natural) y hasta la merienda no te voy a dar nada para comer. Ahí luego, debemos ser consecuentes, claro. Una vez aclarado esto, continúo con la gestión emocional en casa. Debemos darles espacio y confianza para que se produzca la conexión que necesitan (y más, según van creciendo). Acompáñales, guíales, pero no les juzgues. Conseguirás más y fomentarás su autoestima y gestión emocional. Nosotros los adultos somos sus referentes, los modelos que ven a diario y de los que aprenden muchas más cosas de las que nosotros somos conscientes. Por eso, debemos ayudarles también a identificar esas emociones y aprender a gestionarlas juntos. Sólo así se producirá un aprendizaje significativo que le escoltará de por vida. Si les seguimos regando sus creencias positivas, conseguiremos que crezcan fuertes, valientes e imparables. Fomenta su seguridad y valentía, su coraje y también ayúdale ante el error, sólo así será consciente de que le acompañarás siempre, pase lo que pase.

Concluyendo con las habilidades sociales y nuestro papel como padres o docentes, ahí sí que os digo que tenemos que estar muy pendientes. Los niños de 1º de primaria todavía no tienen sus habilidades sociales consolidadas y necesitan que les guiemos para, por ejemplo, resolver conflictos que surgen en el patio del colegio porque no se atreven a decirle a su amiguito o amiguita que lo que le ha hecho no le gusta. Entre hermanos no tiene por qué ser así aunque al haber confianza, los gritos y las manitas sueltas suelen ser la solución entre ellos para resolverlo. Por eso, es necesario que les enseñemos a dialogar. A decir lo que les gusta y lo que no, sabiendo marcar límites pero con cariño y paciencia. Es fundamental que les enseñemos a hablar, a respetar diferentes ideas ya que para resolver un conflicto, no sólo hay una solución. Todavía son pequeños para poder gestionar sus emociones, por lo que eso, también influiría a la hora de relacionarse entre sus iguales. Mostrar comportamientos adecuados como la escucha activa, el respeto y la resolución pacífica de conflictos reforzará en los niños sus propias habilidades sociales, fundamentales en cualquier entorno, ya sea personal o escolar.

Todos los cambios que vivimos a lo largo de nuestra vida traen numerosos aprendizajes que nos ayudan a lo largo del camino. La transición a Primaria es un hito importante en la vida de los niños, por eso nuestro papel como educadores es esencial para conseguir que los más pequeños disfruten del cambio y se sientan capaces y felices. Cada familia trae consigo una serie de experiencias, culturas y perspectivas que enriquecerán el ambiente escolar, promoviendo la inclusión y el respeto por la diversidad dentro de la cultura educativa. Cómo hemos comentado anteriormente, el vínculo escuela – hogar es esencial para ayudar a nuestros hijos a lo largo de su vida escolar. La comunicación abierta y constante entre las familias y la escuela hará que podamos actuar adecuadamente ante cualquier "problema" que observemos. La comunidad de aprendizaje debe ser la construcción más sólida, ya que es ahí donde los más pequeños cultivarán sus habilidades sociales, aprenderán a gestionar sus emociones y crecerán de forma saludable.

ECHANDO RAÍCES EL ROL DE LOS DOCENTES

COMPIS, NOS TOCA A NOSOTROS.

Todavía recuerdo aquel primer día en el que me metí en una clase por primera vez. Eso era la selva. Niños hablando a 100 dB me rodeaban sin parar de hacerme preguntas: ¿cómo te llamas?, ¿cuántos años tienes?, ¿tienes hijos?, ¿puedo beber agua?, ¡no tengo agua!, ¿puedo ir al baño?, ¿y yo?, ¿y yo?, ¡yo también quiero ir! Me lo advirtieron. Todos los compis mayores de la carrera nos decían que en Magisterio no se aprendía demasiado y siento decir que tenían toda la razón. Mucha didáctica y mucha programación pero poca práctica y nada que ver con la realidad que te encuentras en las aulas. (Y sí, yo soy de Magisterio, los que teníamos sólo tres meses de prácticas al final del tercer año… aunque he de decir, que luego hice la adaptación al grado y conseguí algo más de experiencia, pero vamos, tampoco mucha… Perdonad, que me lío). Con esto no quiero decir que no haya aprendido nada durante mi vida de universitaria, lo que quiero haceros entender a todos los profes que estáis estudiando para serlo o bien, que estáis en vuestros primeros años, es que tengáis paciencia, cariño y muchas ganas e ilusión. Ser maestro o te gusta, o no aguantas. Las vacaciones, los puentes, bla, bla, bla… nada de eso compensa si realmente no te gusta la enseñanza. Así que por favor, ayúdanos a seguir cambiando el mundo. Las familias y los compañeros de profesión te necesitamos. Tendrás que buscarte tus trucos y *"llamadas a la acción"* para que te escuchen y te atiendan sin necesidad de gritos, te tocará pensar en mil y una maneras de "explicarles" las unidades y las decenas y serás consciente de qué aprendizajes necesitan reforzar cada uno de ellos, pero eso no te lo enseñan en Magisterio. Irás conociendo a los alumnos y poco a poco conectarás con ellos. Sabrás en todo momento qué necesitan y te darás cuenta de que eso es lo realmente complicado. "Atender" a veintidós alumnos (o alguno más), que te están hablando y pidiendo cosas a la vez, y tú, como ser humano que eres, no das abasto (entre mil anécdotas que os podría contar). Una broma que siempre les digo a mis pequeñajos es que si pudiera pedir un deseo sería convertirme en pulpo para tener ocho tentáculos con los que ayudarles.

Los que no saben de esta profesión hablan mucho de que es "una tarea muy sencilla en la que sólo hay que cuidar a los niños mientras les enseñas a leer y a escribir". Cada vez que escucho eso, me pongo mala... Pero amigos, ser maestro va mucho más allá. Somos los guías del viaje más largo de sus vidas; sembramos las semillas más importantes del mundo para ayudar a pequeñas personitas a crear un mundo mejor siendo humanos seguros, capaces, curiosos y buenas personas. Audaces y honrados, a la vez que reflexivos pero atrevidos. Somos parte fundamental de la crianza de los niños y las niñas que pasan por nuestras manos, siendo sus responsables y por ello, con el compromiso de brindarles la mejor de las experiencias.

Los docentes acompañamos, guiamos y formamos parte de sus vidas. Somos una extensión del entorno familiar y un "lugar seguro" para ellos dónde pueden sentirse comprendidos y queridos. Además, no podemos olvidarnos de las conexiones que generamos en ellos y con ellos, eso es magia, queridos.

El entorno escolar y una práctica docente positiva, es esencial para hacerles sentir cómodos y confiados. Nuestra clase es un espacio familiar donde los más pequeños aprenden a compartir, gestionar sus emociones, solucionar conflictos que surgen en el día a día y, sobre todo, es el lugar dónde aprenden a conocerse, a relacionarse y a desarrollar la resiliencia que les preparará para su futuro. Nosotros, los profesores, apoyamos su formación integral. Esto no va de si *"la educación en casa y la enseñanza en el colegio"*, NO. Si vamos todos a una y remamos hacia el mismo lugar, el barco se mantendrá estable y podremos luchar contra viento y marea. Pero si cada marinero mira por su ojo de buey sin importarle si el remo del compañero se ha roto, habrá problemas que se podrían haber resuelto entre todos, con calma y con la responsabilidad que nos caracteriza como

COMUNIDAD EDUCATIVA.

La comunidad educativa somos todas las personas que intervenimos activamente en el desarrollo y aprendizaje de los niños, englobando a familias, docentes, directores escolares y personal escolar. Pero yo siempre lo resumo de la siguiente manera:

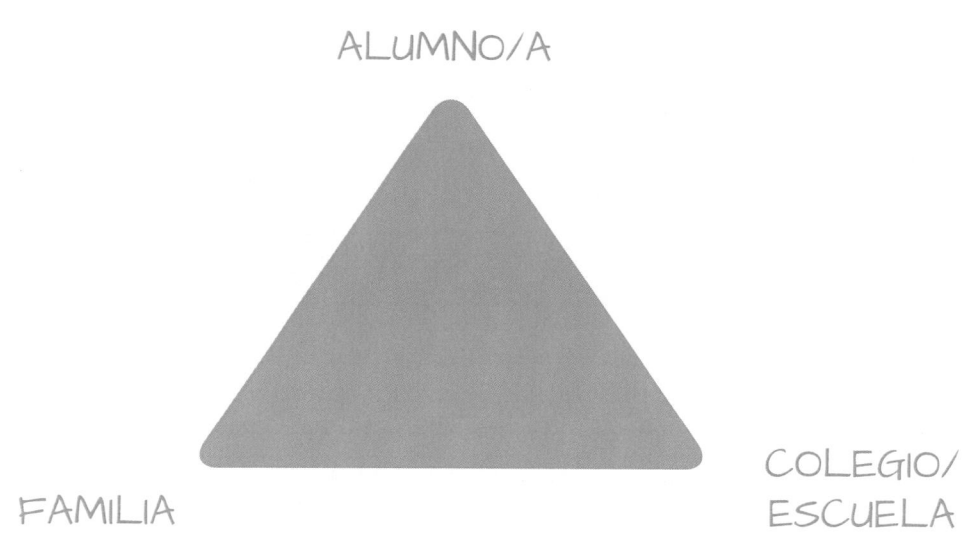

ALUMNO/A

FAMILIA

COLEGIO/ ESCUELA

Este es el **triángulo de colaboración** educativa y nuestro objetivo fundamental es trabajar simultáneamente para garantizar un entorno de aprendizaje de calidad, pleno e inclusivo. Si nos ayudamos y caminamos todos hacia la misma dirección, los alumnos adquirirán los conocimientos de forma significativa y además, echaremos raíces a sus valores, fomentaremos su gestión emocional y le proporcionaremos las habilidades sociales necesarias para enfrentarse a su vida diaria.

Entre todos siempre es mejor, y ellos son los primeros que "notarán" que papá o mamá dicen lo mismo que *"Teacher Jackie"* y, eso amigos, es crucial para que nuestros hijos y nuestros alumnos entiendan que estamos aquí *para ellos y por ellos*. Para ayudarles en todo lo que necesiten, comprenderles y, sobre todo, para guiarles por el camino que creamos mejor para ellos.

PROPUESTAS DIDÁCTICAS

¡Llega lo divertido! Cómo no podía ser de otra manera, he creado 18 propuestas didácticas para que podamos llevar a la práctica todo lo tratado anteriormente (y alguna cosilla más). Cada una de ellas ha sido pensada a conciencia para que podáis ayudar a los pequeños de vuestro entorno a seguir cultivándose a través del aprendizaje emocional. También te digo que hay alguna propuesta que tú, como adulto, también podrás llevar a cabo. Te aseguro que querrás probarlo. *El árbol de los logros, Rol play, Nuestro escudo, La caja emocional y Esta es mi historia* son algunas de las dinámicas que he creado con el amor que me caracteriza, pensando en ellos y en su desarrollo emocional.

Para desarrollar las propuestas tanto en el aula como en familia, es importante que TODOS seáis partícipes y forméis unidad.

"La unidad es la fuerza. Cuando hay trabajo en equipo y colaboración, pueden conseguirse cosas maravillosas"

-Mattie Stepanek

Esta recopilación nos acerca un poco más al pilar del aprendizaje emocional y su desarrollo en casa y en las aulas.

Para mis compis de profesión, he querido hacer esta recopilación para que puedan continuar con su práctica educativa a través del aprendizaje emocional. Sé que hay veces que "la falta de tiempo" nos puede llevar a "dejar a un lado" toda la parte emocional, pero de verdad, no debemos separarlo, TODO LO CONTRA-

RIO. Debe ser nuestro hilo conductor, ese hilo que nos une con nuestros alumnos y hace que seamos sus modelos y los guías de su desarrollo académico. Estas experiencias pueden adaptarse perfectamente tanto en tiempo como en espacio en el aula. Así que profes, tenemos herramientas y el tiempo es nuestro, sólo hay que ponerle ganas.

Como madre o padre, te ayudarán a trabajar la identidad, el autoconocimiento, la autoconciencia y el autoconcepto con tus hijos, así como fortalecer la empatía y la autoestima, el control de nuestras emociones... Algunos de estos, son los objetivos trabajados en las diferentes experiencias que os expongo a continuación, no obstante, cada actividad irá acompañada con una ficha didáctica, en la que estarán detallados los objetivos, los materiales necesarios y el desarrollo de la propuesta, así como una breve reflexión que te ayudará a ver esta experiencia con otros ojos. Además, cada actividad tendrá un código

Qr con el que podrás descargarte el archivo y guardarlo en tu dispositivo para siempre.

Las siguientes experiencias de aprendizaje son herramientas pedagógicas que nos llevarán a crear un entorno de aprendizaje seguro y significativo. Un aprendizaje que será enriquecedor para todas las partes y que servirá como apoyo y conocimiento, tanto personal como de las personas con las que se lleve a cabo. Personalmente, me esfuerzo cada día para continuar guiando a mis hijas y a mis alumnos por el camino de la constancia y la gratitud. Ayudarles a desarrollarse intelectualmente es tan importante como apoyarles en su crecimiento emocional. Educa en empatía y respeto. Hazles ver la importancia de hacer las cosas con tesón y a ser emocionalmente inteligentes (entre otros).

¿ECHAMOS UN OJO?

ÍNDICE DE ACTIVIDADES

LA CAJA MÁGICA

MATERIALES:

Caja de cartón o de madera, un espejo y papeles de colores.

OBJETIVOS:

Fomentar el autoconocimiento y la autoestima.

DESARROLLO:

Antes de empezar, pegaremos el espejo dentro de la caja para que al abrirla, podamos vernos reflejados. Les pediremos que se miren en el espejo y piensen tres cosas que les gusta de sí mismos/as. Cogerán tres papeles para escribirlo y después, los echarán en la caja mágica. Cuando todos los participantes de la dinámica hayan metido sus creencias, leeremos en grupo lo que hemos escrito entre todos y hablaremos sobre la confianza en nosotros mismos y el respeto hacia los demás.

REFLEXIÓN:

Aprender a valorarse y construir una imagen positiva de nosotros mismos es fundamental para un desarrollo pleno. Al mirarnos en el espejo y verbalizar lo que nos gusta, somos conscientes de nuestras creencias y fortalecemos nuestra personalidad. Como docente y madre, he comprobado que el elogio entre compañeros, hermanos o gente de nuestro círculo social hace que las raíces de nuestra personalidad se agarren aún más fuertes.

Con la caja mágica les ayudaremos a expresarse libremente, creando un ambiente de respeto y apoyo mutuo. Sus relaciones interpersonales se verán fortalecidas, mejorando a su vez sus habilidades sociales.

SOMOS ASÍ

MATERIALES:

Papel continuo blanco o cartulinas grandes para dibujar las caras del mural y plantillas de la silueta de la cara.

OBJETIVOS:

Identificar y expresar nuestras emociones.

DESARROLLO:

Prepararemos el mural "Somos así" dibujando caras con diferentes emociones (alegría, tristeza, miedo, ira, vergüenza, asco y envidia). Después, les pediremos que hagan su retrato en una de las plantillas que nosotros les proporcionaremos y lo colocarán en el mural dónde se sientan identificados. También podrán ir moviendo su retrato cada día según las emociones que hayan sentido. De esta manera, podremos compartir situaciones en las que han sentido esas emociones y juntos buscaremos nuestra mejor versión.

En caso de tener poco espacio para colocar un mural, puedes descargarte la versión A4 y usar fotos de DNI en vez de retratos dibujados.

REFLEXIÓN:

Para desarrollar una mayor conciencia emocional, debemos permitir que los niños y las niñas identifiquen y expresen sus emociones. A través de este mural, conseguiremos que puedan identificar dichas emociones de forma visual, atractiva para ellos y sobre todo, haciéndoles partícipes en cada momento de la creación de "Somos así". Esto les facilitará una correcta comunicación tanto en casa como en el aula, permitiendo que se sientan respetados, escuchados y, sobre todo, apoyados.

Plantilla del mural en A4

Plantilla del mural en A3

Plantillas de las siluetas para el mural XXL

Mi Diario Emocional

MATERIALES:

Diario descargable. (Puedes encuadernarlo para que sea más fuerte y duradero).

OBJETIVOS:

Reflexionar individualmente sobre nuestras emociones y experiencias diarias.

DESARROLLO:

Para montar el diario sólo necesitamos descargar el material y encuadernarlo al gusto. Para hacerlo más especial, podemos pegar nuestra foto favorita en la portada y decorarla como sintamos en ese momento. Cada día, escribiremos cómo nos hemos sentido, lo que más nos haya gustado, lo que no, qué cosas, momentos o personas nos han hecho sentir bien, cómo podríamos cambiar lo que nos ha enfadado… y muchas cosas más. Como adultos, debemos transmitir a los más pequeños que pueden escribir lo que quieran, con libertad y sin ser juzgados. Cada uno tendrá su espacio, el suyo es este.

REFLEXIÓN:

El diario emocional es un ejercicio de introspección que nos permite reflexionar sobre nuestras experiencias y nos ayuda a manejar nuestras emociones de manera constructiva. Para los niños y las niñas, al principio no deja de ser un cuaderno en el que mamá o papá me dicen que escriba o dibuje "algo". Ese algo que inicialmente no saben ni qué es ni cómo se llama. Al reflexionar diariamente sobre ello, ponemos voz a eso que les pasa y que normalmente no son capaces de colocar por sí mismos. Por eso, nuestro papel como educadores es enseñarles a identificar, verbalizar y validar dichas emociones. Sólo así, les ayudaremos a desarrollar una correcta regulación emocional y una buena capacidad para enfrentarse a desafíos.

MATERIALES:

Pelota blandita.

OBJETIVOS:

Fomentar las habilidades sociales, la comunicación efectiva, la empatía y el respeto.

DESARROLLO:

Para esta dinámica nos sentaremos haciendo un círculo amplio en el que todos nos veamos las caras y tengamos espacio suficiente para sentarnos cómodamente. Por turnos, cada uno dirá algo positivo sobre la persona sentada a su derecha y le pasará la pelota para continuar la dinámica. Al terminar, hablaremos en grupo sobre la importancia de las buenas palabras y el trato a los demás. Debemos recordarles que hay que cuidar lo que decimos, ya que nuestras palabras dejarán huella en las personas que nos rodean.

REFLEXIÓN:

Cuando hablamos de habilidades sociales, no podemos olvidarnos de la importancia de la expresión oral y la autoestima a la hora de relacionarnos. Durante años, he podido comprobar cómo el recibimiento de comentarios positivos entre iguales, la empatía y la comprensión, refuerzan el sentido de pertenencia. Este es un componente esencial en el desarrollo psicoemocional de los más pequeños, tanto en ámbito escolar como familiar. Toda la comunidad educativa debe esforzarse para crear un ambiente de confianza y respeto, donde las opiniones y los sentimientos sean escuchados y validados. La sinceridad y la honestidad, así como la celebración de logros y el establecimiento de rituales familiares, serán la clave para conseguir relaciones sociales significativas.

MATERIALES:

Comecocos descargable, pinturas de colores, rotuladores y tijeras.

OBJETIVOS:

Impulsar el conocimiento de las emociones a través del juego, potenciando la discusión y la empatía.

DESARROLLO:

Este comecocos es uno de los juegos tradicionales que podemos hacer en cualquier espacio. Tan sólo necesitamos un folio en blanco (o una plantilla como la que os podéis descargar a través del código Qr) y los materiales nombrados anteriormente. Antes de empezar a jugar, crearemos nuestro comecocos de papiroflexia decorándolo a nuestro gusto. Dejaremos que los niños lo pinten con calma y con los colores que ellos elijan. Podemos leer las opciones individualmente o bien, comentarlo entre todos los participantes del juego. Finalmente, recortaremos el comecocos por la línea exterior y lo doblaremos con mucha paciencia y amor.

REFLEXIÓN:

Para favorecer las habilidades y destrezas personales, así como el entretenimiento y la calma, la papiroflexia es una de las actividades por excelencia. El comecocos emocional es un juego muy sencillo y comprensible por todos, pero a la vez, es profundo e intenso. Poder fabricar "algo" tan sólo con un papel, fomenta la creatividad y el desarrollo artístico en los más pequeños. Además de ejercitar la capacidad de atención, esta experiencia de aprendizaje les ayuda a seguir conociendo sus emociones, las de los demás y cómo todo nos afecta en el día a día.

No debemos olvidar nunca que esta propuesta se puede llevar a cabo en familia. Es una oportunidad para conocer y conectar con las emociones de las personas que nos rodean, así como fortalecer los vínculos familiares a través del juego. El comecocos emocional no sólo desarrolla su inteligencia emocional, sino que también les proporciona un entorno seguro dónde sentirse tranquilos y mostrarse auténticos.

MANEJANDO MIS EMOCIONES

MATERIALES:

Cartel descargable, pintura de dedos de varios colores y brochas.

OBJETIVOS:

Aprender a identificar y gestionar las emociones. Autorregulación y gestión de la calma.

DESARROLLO:

Para poder gestionar las emociones, primero debemos conocernos e intentar controlarlas con serenidad. En esta experiencia, hablaremos de la importancia del estar en calma para resolver situaciones inesperadas y buscar las estrategias que más nos convienen en cada momento. Para hacer esta dinámica, os aconsejo que primero hagáis una sesión introductoria en la que habléis con vuestros hijos o los alumnos sobre cómo podemos buscar la serenidad en nosotros mismos. Después, podemos pintar-nos las manos como os muestro en las fotos (o a gusto del consumidor), y para terminar la experiencia, podéis dejar que los más pequeños decoren el cartel descargable que podrán colgar en un lugar visible de su habitación.

REFLEXIÓN:

¿Quién puede levantar la mano y decir que maneja cada una de sus emociones a la perfección? Creo que son pocas las personas que pueden conseguirlo en su totalidad. Como seres humanos, siempre tenemos pequeñas debilidades que hacen que nuestro volcán se ponga en erupción. Como madre, veo fundamental la necesidad de enseñar a nuestros hijos a encontrar esa paz en ellos mismos. Encontrar su refugio donde poder calmarse y pensar, de forma calmada, la mejor opción para la batalla a la que se esté enfrentando. A lo largo de mi experiencia como docente, me he dado cuenta de que cada vez los niños son más impacientes y tardan más en calmarse, ya que necesitan y buscan estímulos sin parar. Todo tiene que ser ya. Enseñarles la CALMA es imprescindible para ser capaces de tolerar el mundo acelerado e impaciente en el que vivimos, así como para tener serenidad y paz interior.

TARJETARIO EMOCIONAL

MATERIALES:

Tarjetas descargables.

OBJETIVOS:

Fomentar la escucha activa y el respeto, así como aprender a verbalizar nuestras emociones.

DESARROLLO: En este *"tarjetario"* hay 34 situaciones que nos llevarán a pensar en *qué pienso, qué me gusta y qué no, y cómo me siento* cuando sentimos ciertas emociones como la alegría, el miedo, la ira... Para crear el recurso, tan sólo tendrás que imprimir el material descargable, plastificarlo para que se conserve mejor y tenga más durabilidad, y finalmente, recortar las tarjetas para jugar. Se iniciará el juego cogiendo una carta para todo el grupo y leeremos lo que nos pide. Debatiremos sobre la emoción que ha tocado y comenzaremos a compartir experiencias mientras nos escuchamos con respeto.

Este juego puede ajustarse a cada entorno, ya que se puede utilizar siempre que queramos y adaptarlo según nuestras necesidades. Podemos llevarlo a cabo en el aula en grupo grande y debatiendo entre todos, en sesiones individualizadas, o de forma individual a modo de reflexión y análisis introspectivo.

REFLEXIÓN:

La introspección es el reconocimiento y análisis de nuestras experiencias, emociones y pensamientos internos. Enseñar a los niños a "mirar en sus adentros" no es tarea fácil, ya que es algo que se trabaja durante toda la vida y se asocia a la edad adulta. No obstante, tras unos años en la docencia y seis años de maternidad, he sido consciente de la necesidad de cultivar esa capacidad de mirar hacia adentro y reflexionar. Como adultos, nosotros podemos ayudarles a esculpir la introspección, contándoles nuestros propios procesos internos de manera compresible para ellos. Sólo así sentirán tu cercanía y comprobarán que "*a ti también te pasa*". Desde muy pequeños, los niños tienen una vida emocional apabullante que, si aprenden poco a poco a comprender, les permitirá ser más conscientes de sus emociones en el futuro, así como comprenderlas y aprender a tomar decisiones adecuadas que le llevarán a un bienestar emocional saludable.

MATERIALES:

Tarjetas descargables.

OBJETIVOS:

Desarrollar la empatía y la expresión emocional. Gestión y aprendizaje grupal.

DESARROLLO:

Las tarjetas del juego contienen diferentes situaciones y emociones que tendrán que ser representadas por los participantes del juego. EN EL AULA: En grupos de cuatro personas, tendrán que representar las diferentes situaciones que aparecen en las tarjetas. Utilizarán sonidos y mímica, pero no podrán hablar. Gana el grupo que lo adivine, siendo los siguientes en el acto teatral. EN CASA: ¿Quién no ha jugado a adivinar una película o un cuento con mímica? Este juego es igual. Por turnos, cada participante cogerá una tarjeta que tendrá que representar. Gana la persona que lo adivine, siendo el siguiente en actuar.

REFLEXIÓN:

No hay mejor manera que meterse en el papel. Cuando nos dicen que tenemos que representar algo, lo primero que hacemos es buscar nuestra conexión con ese momento y esa emoción. Al sentir que lo que está ocurriendo no es verdad, ya que es teatro, somos capaces de representarlo con más realismo o incluso a veces, de forma más exagerada. Con menos vergüenza y con más sentido del humor. Explorar diferentes perspectivas a través del teatro les impulsará a ampliar su capacidad empática, así como ayudarles a gestionar la vergüenza y la seguridad en sí mismos. Como docente, he tenido la suerte de comprobar cómo estas representaciones pueden ayudar a los más pequeños a entender mejor sus experiencias emocionales y las de los demás. Pruébalo, te sorprenderá(n).

MI CASTILLO DE LOS LOGROS

MATERIALES:

Plantillas descargables.

OBJETIVOS:

Fortalecer la autoestima, la empatía y el autoconcepto.

DESARROLLO:

La plantilla del castillo de los logros se usará de forma individual. El/la dueño/a del castillo será el/la encargado/a de escribir sus logros. No obstante, como madre, padre o educador del niño o la niña, podrás escribir los éxitos de los que estés orgulloso/a, un hito que haya alcanzado, siempre bajo acuerdo de ambos. En el castillo se podrán poner fechas, dibujos, logros concretos e individuales, así como logros ajenos que nos produzcan felicidad. Cada uno escribe lo que le sale del corazón.

REFLEXIÓN:

Ser conscientes de los logros individuales y colectivos favorece el sentido de competencia de los niños. La autoestima es la pieza fundamental del juego y debemos protegerla. Por ello, qué mejor manera que visualizar los éxitos y continuar motivándoles para conseguir su mejor versión. Tanto en casa como en el aula, debemos valorar y reconocer el esfuerzo y la constancia. Los niños que crecen en un ambiente dónde se sienten queridos y valorados por su entorno más cercano, suelen presentar un fuerte sentido de autovaloración e identidad.

MATERIALES:

Vaso transparente, jarrita con agua, actividad descargable y pinturas de colores.

OBJETIVOS:

Reforzar la capacidad para manejar la frustración y la ira, así como fomentar el desarrollo de la paciencia y el autoconocimiento, promoviendo el autocuidado y bienestar emocional personal.

DESARROLLO:

Antes de empezar a hacer esta actividad, enseñaremos a los niños a comprender cómo funciona la paciencia. Una manera muy sencilla de hacerlo es con un vaso transparente y agua. Primero, haremos una pequeña dinámica en la que iremos llenando el vaso de agua mientras verbalizamos qué cosas o situaciones nos hacen perder la paciencia. Puede ser una experiencia individual y que la persona que esté echando el agua sea la misma que cuenta lo que personalmente le hace perder el norte, o por el contrario, se puede hablar entre todos mientras uno va echando el agua en el vaso. Mientras que llenamos el vaso con situaciones y emociones, podemos hablar de cómo va cambiando nuestro estado, verbalizar que sentimos es importante para que nos podamos ayudar entre todos. Finalmente, cuando el vaso se derrame, les explicaremos qué nos sucede cuando perdemos la paciencia y cómo podemos aprender a controlar el fuego que llevamos dentro, convirtiéndose en otra oportunidad de debate y puesta en común. Una vez terminada esta experiencia, les daremos su volcán y lo completaremos con los seis colores que más identifiquen la emoción que sentimos en ese momento. Después, al lado derecho del volcán, escribiremos ideas personales sobre cómo me puedo controlar, qué me viene bien en esos momentos, cómo ME puedo ayudar...

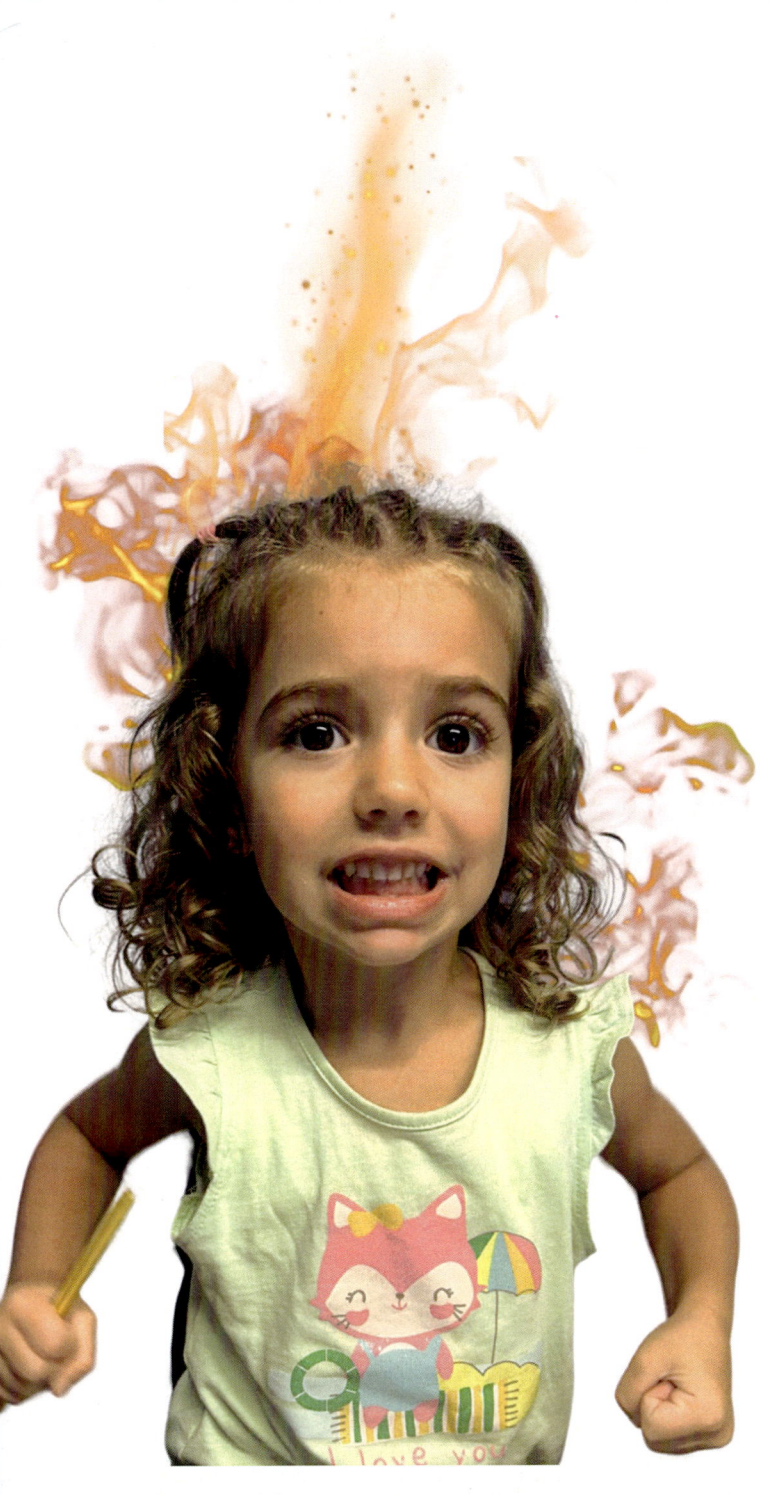

REFLEXIÓN:

Enseñar autocontrol es esencial durante todo el desarrollo infantil. Esto conlleva la capacidad de regular las emociones, comportamientos y pensamientos en situaciones inusuales o pendencieras. Claro, cuando son muy pequeños, esto está en su día a día: esperar turnos, evitar la impulsividad y el egocentrismo, faltas de respeto en las normas de los juegos... Por eso, educar a nuestros hijos para tener un buen autocontrol es crucial también para sus relaciones sociales. Esto les ayudará a interactuar de forma más efectiva fomentando la seguridad y autonomía, así como aprender a regular sus respuestas emocionales, desarrollando una mayor resistencia y adaptación ante los desafíos.

¿QUIÉN SOY?

MATERIALES:

Pack descargable (ficha personal y entrevista).

OBJETIVOS:

Aprender a conocernos a nosotros mismos fortalecer las relaciones familiares. Comunicación y expresión oral.

DESARROLLO:

Cuando somos pequeños, nuestras familias nos cuentan recuerdos que a veces somos capaces de recordar e incluso de visualizar en etapa adulta. Parece mentira, pero muchas veces nos acordamos de ciertas cosas sin haberlas vivido en persona, siendo tan sólo una "historia" que nos han contado en numerosas ocasiones. Nuestros gustos pueden ser aleatorios o bien tener alguna conexión con nuestros antepasados. ¿No te parece súper interesante? Pues eso es lo que vamos a descubrir en este espacio.

En primer lugar, desarrollaremos una ficha personal llevada a cabo por nosotros mismos, añadiendo los campos correspondientes y decorándolo a tu gusto si lo ves necesario. Después, haremos una entrevista a nuestros familiares más cercanos sobre sus gustos e intereses, disfrutando del momento y escuchando de forma activa. Finalmente, buscaremos esas conexiones con nuestra familia en la recopilación que hemos obtenido y disfrutaremos recordando anécdotas todos juntos.

¿Quién soy?

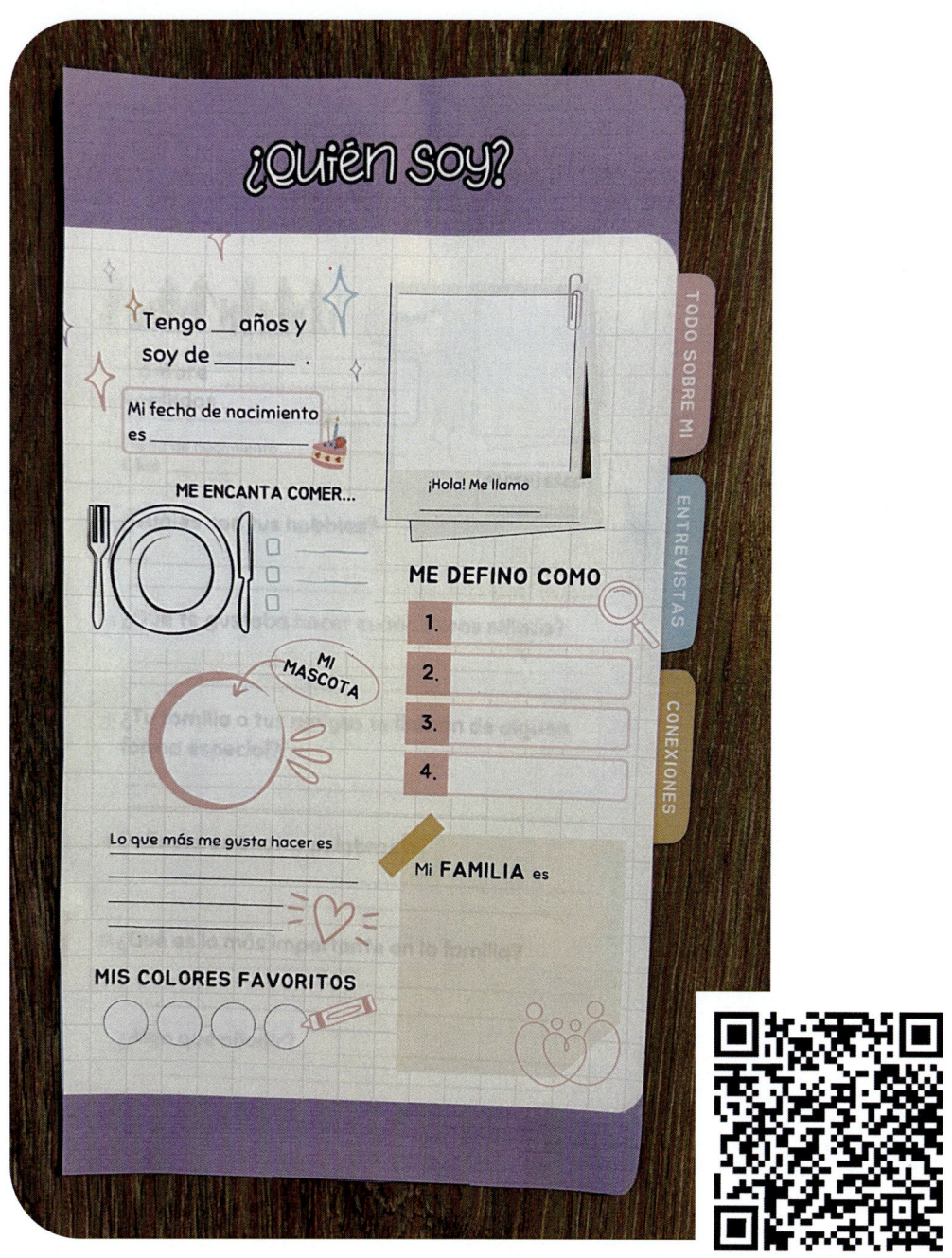

Tengo ___ años y soy de _____ .

Mi fecha de nacimiento es _____

¡Hola! Me llamo

ME ENCANTA COMER...

MI MASCOTA

ME DEFINO COMO

1.
2.
3.
4.

Lo que más me gusta hacer es
_____
_____
_____

Mi FAMILIA es

MIS COLORES FAVORITOS

TODO SOBRE MI

ENTREVISTAS

CONEXIONES

Entrevistas familiares

Es mi

Nombre _____

Apellidos _____

Fecha de nacimiento _____
Edad

PARENTESCO

■ ¿Cuáles son tus hobbies?
_____
_____

■ ¿Qué te gustaba hacer cuando eras niño/a?
_____
_____

■ ¿Tu familia o tus amigos te llaman de alguna forma especial?
_____
_____

■ Defínete en cuatro palabras
_____
_____

■ ¿Qué es lo más importante en la familia?
_____
_____

■ ¿Algo que añadir? _____
_____

ENTREVISTAS

CONEXIONES

Conexiones

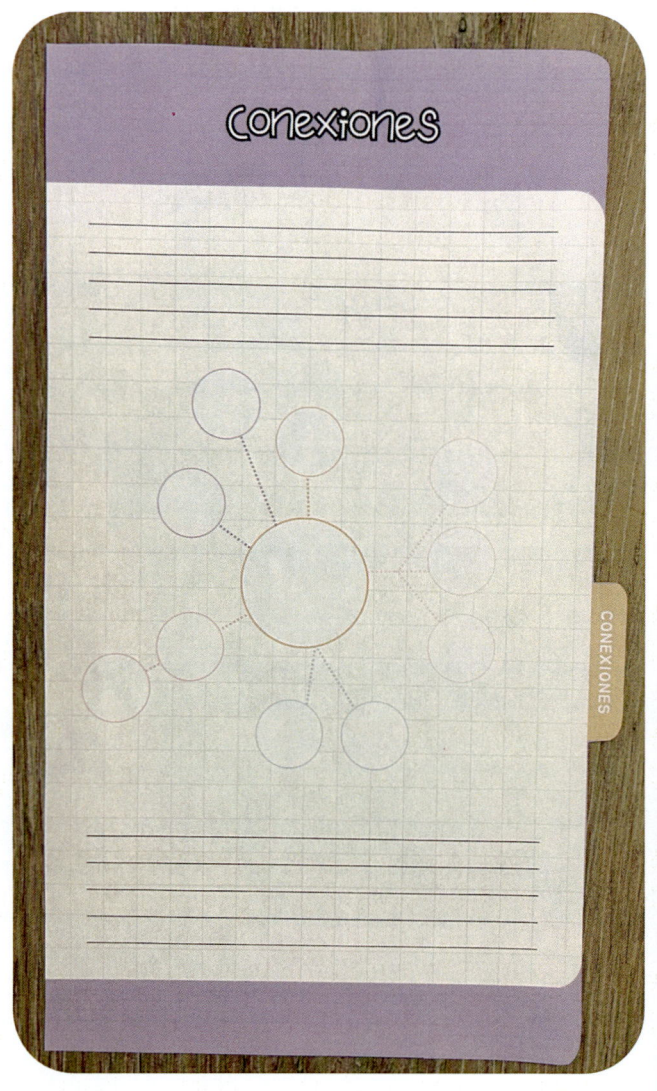

CONEXIONES

REFLEXIÓN:

Muchas veces, los padres nos empeñamos en que nuestros hijos tengan mucho para que no se aburran, pero como ya sabemos, la clave no es la cantidad, sino la calidad. Pasar tiempo en familia hablando sobre los recuerdos de nuestros antepasados y escuchándonos de forma respetuosa es uno de los momentos más enriquecedores que podemos tener para educar a nuestros hijos a través aprendizaje emocional. Aprender de las anécdotas al mismo tiempo que disfrutamos en familia y fortalecemos nuestras relaciones es la lección de vida más significativa del mundo. Hablamos con libertad, con respeto y sin juzgarnos pero, sobre todo, con cariño, con mucho cariño. Esto sí es lo que necesitan nuestros hijos. Tiempo de calidad y aprender en familia. Juntos y sin prisas.

Rol Play

MATERIALES:

Tarjetas descargables.

OBJETIVOS:

Practicar habilidades sociales y la resolución de conflictos.

DESARROLLO:

Este Rol Play consta de 20 tarjetas de situaciones cotidianas como resolver conflictos, compartir en clase, elegir un juego con tu hermana llegando a un acuerdo... Dependiendo del número de participantes, se agruparán en pequeños equipos de máximo 4 personas. El adulto que esté presente cogerá una tarjeta y les comunicará a los grupos qué es lo que tienen que representar. Por turnos, cada grupo expondrá su actuación y, al finalizar todas las representaciones, se pondrán en común las diferentes actuaciones, comprobando diferencias y similitudes, y tratando de buscar la mejor solución entre todos.

REFLEXIÓN:

Los Rol Play son ventanas para observar las estrategias personales y sociales de los más pequeños. Nos ayudan a ver la parte "negativa" de una situación y guiarlos hacia visiones más significativas. Los niños y las niñas se sienten seguros en este espacio, pudiendo practicar la resolución de conflictos tanto en ámbito escolar como en un juego familiar. Son representaciones de tomas de decisiones que no sólo les prepara para enfrentarse a situaciones cotidianas, sino que también les ayuda a consolidar sus habilidades sociales.

Como madre y docente, considero que los juegos de rol son esenciales en cualquier ámbito. Enfrentarse a los miedos en escenarios ficticios y poder procesar emociones reales sin ser amenazantes es de las experiencias más enriquecedoras para fomentar la empatía y la resolución de conflictos.

NUESTRO ESCUDO

MATERIALES:

Plantillas descargables.

OBJETIVOS:

Reflexionar de forma individual, grupal o en familia sobre las características únicas de cada integrante, así como los valores y las fortalezas que les une. Reforzar la identidad y consolidar los vínculos emocionales. Autoconocimiento.

DESARROLLO:

Para llevar a cabo el escudo familiar, previamente hablaremos entre todos sobre su significado, destacándolo como símbolo de identidad, protección y valores dentro de la historia. Se acordarán qué símbolos y colores serán utilizados, y cómo podremos representar aspectos destacables de la identidad familiar. Cada uno de los integrantes tendrá que reflexionar sobre qué valores considera importantes, sus fortalezas y qué le gustaría aportar al escudo. Dividiremos el escudo en secciones para poder representar: metas, fortalezas, valores y símbolos familiares. Para decorar el escudo, podremos utilizar todo tipo de materiales: desde lápices o rotuladores, hasta viruta, *brilli-brilli*, o cualquier elemento que se pueda pegar bien sin que quede demasiado rugoso y abultado. El escudo familiar tiene que ser otro elemento más de orgullo familiar. Recuerda que lo importante es el tiempo en familia y fortalecer lazos familiares, así que paciencia y comunicación. ¡Os quedará genial!

De la misma manera, podrás hacerlo con tus alumnos. Será una experiencia maravillosa en la que reforzarán sus valores y recordarán sus fortalezas, consolidando la confianza en sí mismos y su autoestima.

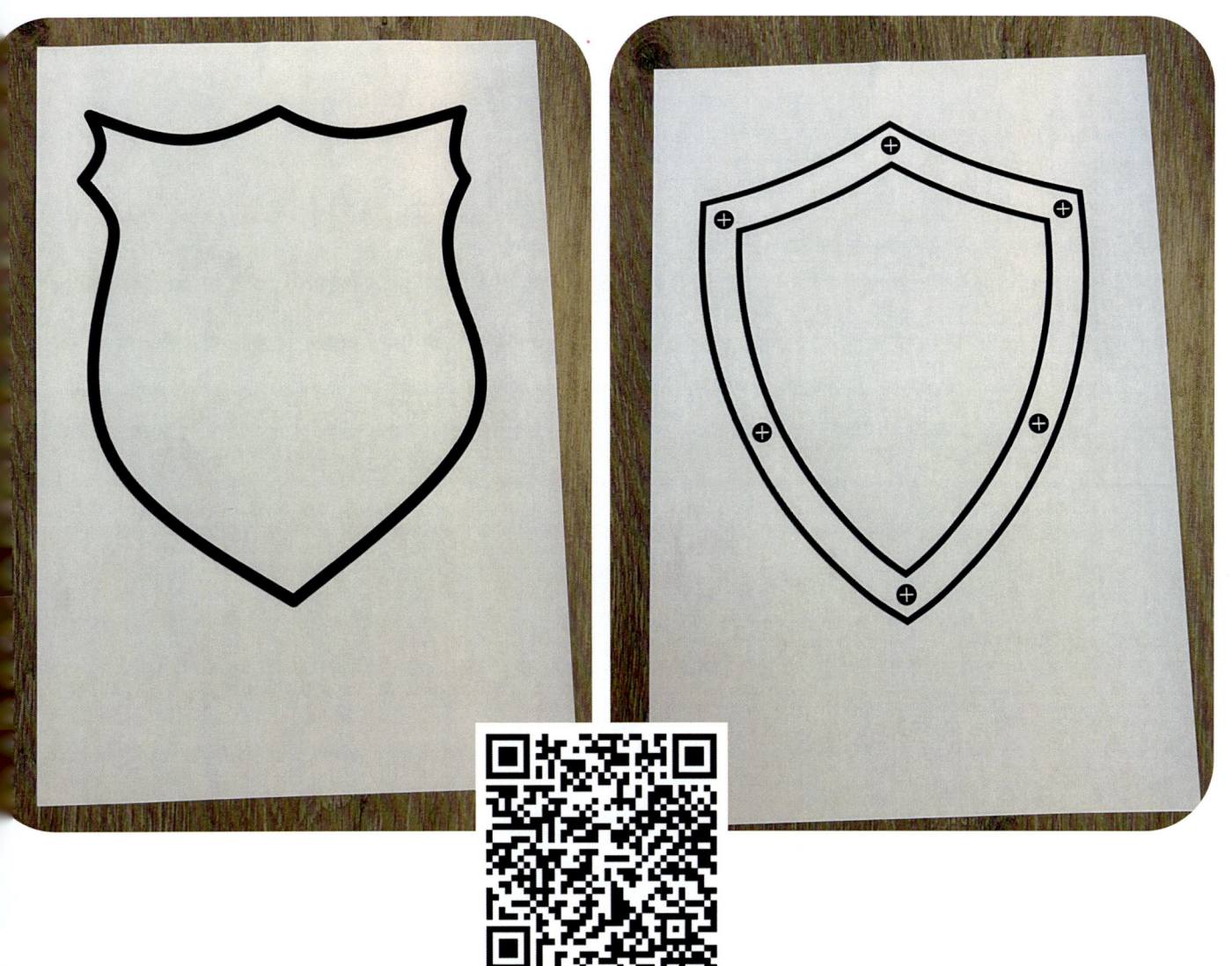

REFLEXIÓN:

Los escudos familiares son símbolos de identidad que identifican a una agrupación que expresa su cohesión. Son experiencias que fortalecen la autoestima, ya que se tratan los aspectos más positivos de cada uno dentro del núcleo familiar. El sentido de pertenencia se ve reforzado, a la vez que se están fortaleciendo los vínculos emocionales. En el contexto escolar, sucede algo similar. Los alumnos se conocen mejor, llegando a una comprensión mutua en la que fortalecen su relación personal y la empatía. En caso de crear tu propio escudo, la experiencia será profundamente significativa ya que navegarás dentro de tus logros y fortalezas. Te servirá como espejo para reflejar tus aspiraciones y deseos. Este viaje introspectivo nos llevará a descubrir, no solo lo superficial, sino los orígenes de la identidad. Todo tiene un por qué, un significado que tendrá tu esencia personal.

Y TÚ, ¿QUÉ OPINAS?

MATERIALES:

Tarjetas descargables.

OBJETIVOS:

Estimular la autoconciencia e introspección.

DESARROLLO:

A través de los temas propuestos en las tarjetas descargables, cada participante cogerá una pregunta del montón y tendrá que leerla en voz alta. Después, podrá compartir su respuesta con los demás participantes o tendrá que escribirlo en un papel. De esta forma, aunque no sea verbalizado es plasmado en un papel en forma de desahogo y alivio.

¿Qué te GUSTA de ti misma/a?

¿Tienes MIEDOS?

¿Saber ser PACIENTE?

¿Qué es lo que más ODIAS?

¿Cuál es tu punto débil?

¿Cuál es tu sueño?

¿Qué te gustaría tener?

¿Hay algo que no te guste de ti?

¿Hay algo que cambiarías de tu vida?

¿Qué te gustaría tener que no tienes ahora?

REFLEXIÓN:

Cuando hablamos de nuestros intereses, nuestros sueños y nuestras emociones, hay veces que sentimos liberación y paz interior. Debemos enseñar a los niños y las niñas desde muy pequeños a verbalizar lo que para ellos es importante, siempre desde la educación y el respeto. De esta forma, fomentaremos el autoconocimiento y la exploración hacia nuevos horizontes que les ayudará a seguir brillando cada día. Tras varios años haciendo esta dinámica en el aula, he sido consciente de la necesidad que tienen los alumnos de sentirse escuchados y considerados. Cuando necesitan ayuda para seguir guiándose en el camino, tú debes ser la señal que les ayude a continuar con sus aventuras.

LA FLOR DE LA EMPATÍA

MATERIALES:

Plantilla descargable, pinturas de colores, rotuladores y/o ceras.

OBJETIVOS:

Fomentar la empatía mientras promovemos el respeto hacia los demás y el cuidado de las relaciones sociales.

DESARROLLO:

Iniciar con un coloquio sobre qué es la empatía, será la introducción a esta experiencia de aprendizaje. Explicarles qué es y poner en común situaciones cotidianas, les ayudará a ubicarse y a comprender de qué hablamos y por qué hablamos de ello. La empatía es una habilidad que debemos ayudar a madurar mediante la cual, serán capaces de identificarse con alguien y compartir sus sentimientos, pudiendo así, entender cómo se siente y mostrar cercanía, cariño y comprensión.

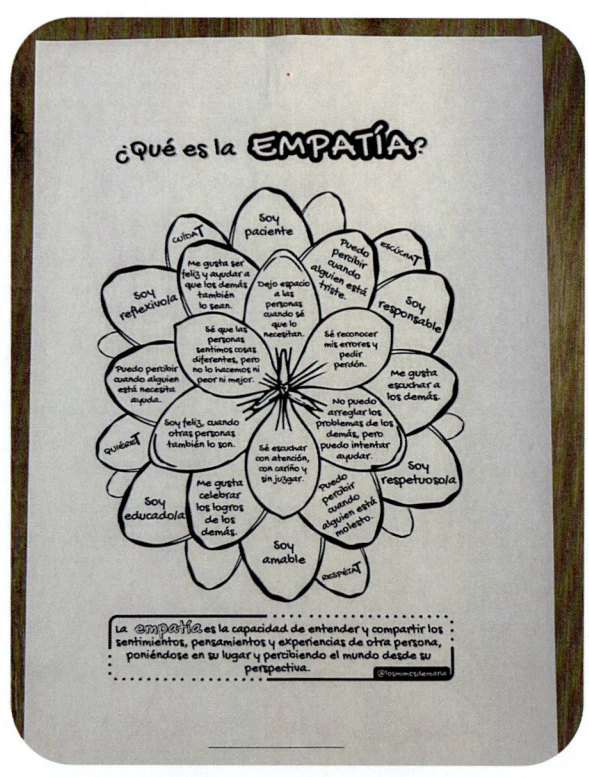

REFLEXIÓN:

Cuando hablamos de empatía, nos llegan a la cabeza tres mil ejemplos diarios con nuestros hijos, entre compañeros de trabajo, con los alumnos... Nuestro día a día, es una batalla de emociones en la que no sólo tenemos que lidiar con las nuestras, sino también con las de los demás. Ser conscientes de nuestros comportamientos y cómo estos afectan a las personas que nos rodean, es el inicio para ser una persona empática. Si no te conoces a ti mismo, no vas a poder entender a los demás. Por eso, es determinante que desde pequeñitos, eduquemos a nuestros hijos en el respeto mutuo y en la tolerancia. Sólo así, conseguiremos un futuro mejor para todos.

EL ESPEJO EMOCIONAL

MATERIALES:

Papeles de colores (puede ser cartulina, papel seda, papel pinocho...), tijeras, pegamento y espejos descargables.

OBJETIVOS:

Estimular la expresión creativa de las emociones a través del arte.

DESARROLLO:

Para esta experiencia creativa, prepararemos papeles de colores que dejaremos en medio de la mesa de trabajo junto al pegamento y las tijeras. Pediremos a los niños que recorten trocitos de colores y lo peguen en su espejo según lo que sientan en ese momento. Pueden recortar corazones, estrellas, cuadrados, líneas, todo está bien. Dejaremos que hagan su composición y luego, hablaremos del por qué de los colores y las formas elegidas. Probablemente, alguno te dirá que lo ha puesto *"porque le gustan los triángulos verdes"*, pero te invito a que indagues un poco más y le preguntes qué le ha hecho sentir hacer su espejo, qué imagen reflejaría su cara si pudiera haberse visto mientras hacía esta actividad... Estoy segura de que descubrirás cosas maravillosas. (En caso de que lo vayas a hacer con niños más pequeños, te recomiendo que les recortes tú los papelitos para evitar problemillas.)

REFLEXIÓN:

Como no podía ser de otra manera, la creatividad tenía que estar presente en mis propuestas. Esta capacidad de generar ideas únicas e innovadoras tiene un papel crucial en el aprendizaje y en el desarrollo infantil. Además de ayudar a expresarnos de forma artística, el desarrollo de la creatividad en la infancia fomenta la capacidad de reinventar una situación y encontrar desafíos dónde otros ven obstáculos. Si tú como adulto, alimentas la creatividad en los más pequeños, les ayudarás a cultivar un espacio mental flexible.

103

UN PASEO PARA RECORDAR

MATERIALES:

No necesitamos nada, aunque si tenemos la opción, estaría genial llevar música con la que nos sintamos en paz.

OBJETIVOS:

Enlazar las experiencias conectando nuestras emociones a través de los sentidos.

DESARROLLO:

Con ayuda del adulto, organizaremos un paseo por las diferentes estancias del lugar donde nos encontremos, es decir, si la dinámica la vamos a hacer en una casa de la que nos vamos a mudar, prepararemos diferentes rincones de la misma para que podamos recordar momentos vividos en ese espacio. Sentir los olores, ver colores característicos que nos permitan recordar anécdotas especiales o incluso ingerir alimentos que nos hagan viajar en el tiempo, nos ayudarán a conseguir más plenitud en la experiencia. Por otro lado, si la dinámica es en el colegio, prepararemos la visita con mucho mimo por las clases y lugares emblemáticos para el grupo: el patio, el comedor, el gimnasio... Todos podrán expresar sus emociones a lo largo de la experiencia y compartir sus sensaciones. Gratificar es importante.

REFLEXIÓN:

Nuestras experiencias sensoriales tienen un papel fundamental, ya que influyen directamente en nuestras emociones, en la autoestima y en el autoconcepto. Enseñar desde pequeños a conectar las emociones a través de los sentidos no es fácil, y por ello debemos ayudar a los niños y a las niñas durante uno de los procesos más largos de sus vidas. Los olores, los sabores y otras sensaciones experimentadas en esta dinámica, nos ayudarán a viajar en el tiempo, a sanar y a impulsar el desarrollo de una conciencia plena. Para enseñarles a recordar, primero debemos experimentar con ellos y hacerles partícipes de su entorno. Ayudarles, validarles y escucharles son nuestros objetivos principales. Superar obstáculos y explorar nuevos entornos es una tarea que les acompañará durante el resto de sus vidas.

ESTA ES MI HISTORIA

MATERIALES:

Plantilla de la línea de vida y del cuento.

OBJETIVOS:

Desarrollar la expresión escrita y el autoconcepto.

DESARROLLO:

No hay mejor historia, que el propio cuento de nuestra vida. Para esta dinámica, en primer lugar completaremos una línea de vida que se encuentra en el material descargable. En ella, escribiremos los sucesos más importantes de nuestra trayectoria desde el nacimiento hasta el momento actual. Posteriormente, se llevará a cabo de forma individual, un pequeño cuento ilustrado sobre nosotros mismos y nuestra historia, en el que también se podrán incluir nuestros sueños futuros, deseos...

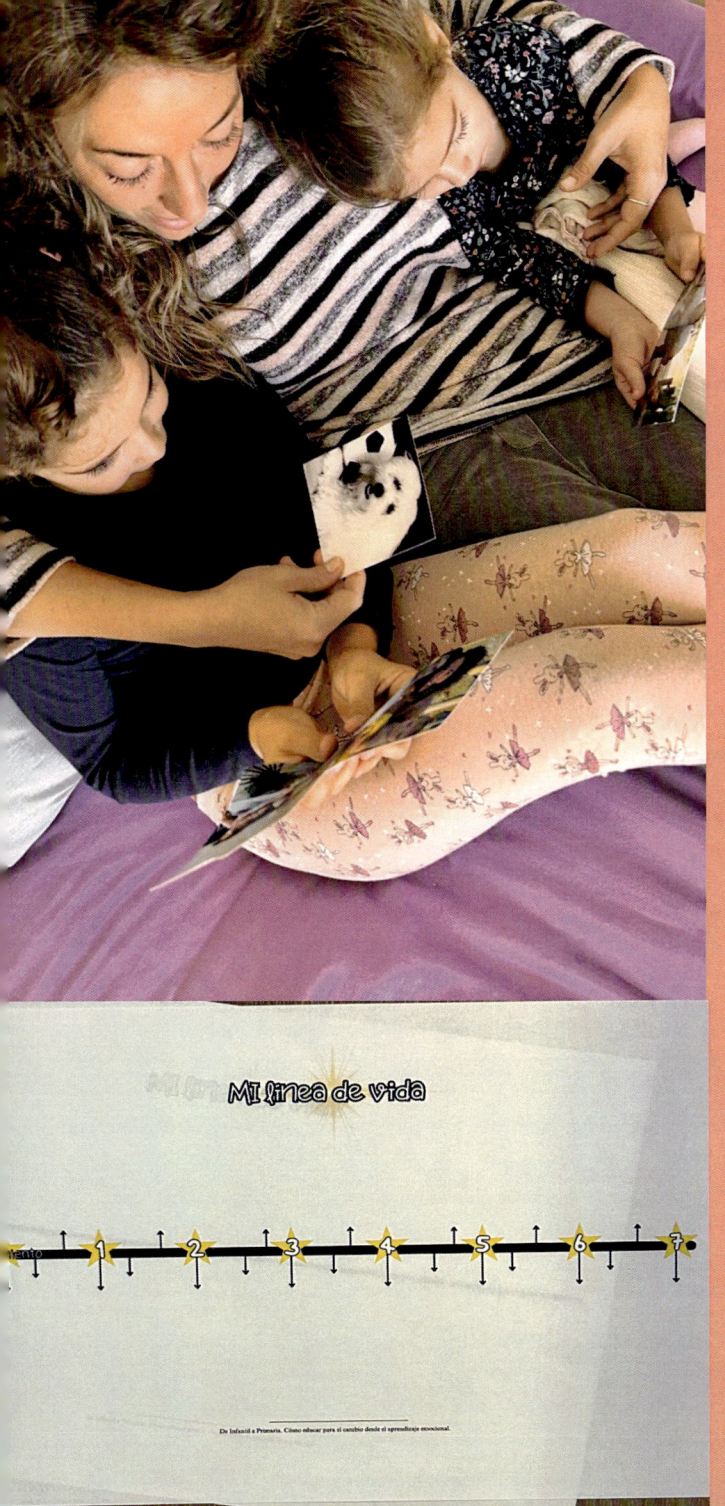

REFLEXIÓN:

Es importante que los más pequeños desarrollen el sentido de identidad gracias a la comprensión de su historia y de hitos que han marcado su desarrollo personal. Reflexionar sobre experiencias positivas y negativas, nos ayudará a procesar las emociones de manera saludable. Además, es reseñable que gracias a esta experiencia, obtenemos grandes beneficios sociales y cognitivos como habilidades narrativas, conexiones con el mundo que nos rodea y la organización del pensamiento, siendo aún más conscientes de la comprensión de secuencias temporales y su organización. Desarrollar una línea de vida, siempre es una actividad significativa y poderosa, tanto para adultos como en la infancia. Mientras la creamos, podemos reflexionar sobre experiencias pasadas que nos han hecho ser la persona que somos en la actualidad, aprendiendo de ello y valorando nuestros logros.

BIBLIOGRAFÍA Y HERRAMIENTAS PARA FOMENTAR EL DESARROLLO DE LA INTELIGENCIA Y EL APRENDIZAJE EMOCIONAL

LECTURAS RECOMENDADAS PARA FAMILIAS Y DOCENTES

- *El nacimiento de la inteligencia del niño* de Jean Piaget

- *Inteligencia Emocional* de Daniel Goleman

- *El cerebro y la inteligencia* de Daniel Goleman

- ¡Escúchalos! del Hematocrítico Miguel López

- *El arte de hablar con niños* de Rebecca Rolland

- *Lo bueno de tener un mal día* de Anabel González

- *El mundo de las emociones* de Mireia Simó y Monann

- *La belleza de sentir* de Eva Bach

- *La sabiduría de las emociones* de Norverto Levy

- *Navega hacia tu bienestar* de Bibiana Infante

- *El cerebro de los niños explicado a los padres* de Álvaro Bilbao

- *Prepárate para la vida* de Álvaro Bilbao

- *Cuida tu cerebro...y mejora tu vida* de Álvaro Bilbao

- *Queremos hijos felices* de Silvia Álava

- *El arte de educar jugando* de Silvia Álava

- ¿Por qué no soy feliz? de Silvia Álava

- *Inteligencia emocional en familia* de Ruth Castillo Gualda y Silvia Álava

- *Comunicar es educar* de Mª José Ventura Salvia

- *Inteligencia Emocional. Guía práctica para enseñar a los niños a ser felices* de Esperanza Escalante

- *Motiva2* de Pilar Romero Espinosa

- *Creando vínculos en la infancia* de Sandra Martín

- *Respira. Aprende la gestión emocional a través del Minfulness y la neurociencia* de Rocío Elizondo y Coral Elizondo

- *Educación emocional en tu aula* de José Vicente López Company

- *No me grites. Cómo educar en la comunicación positiva y el respeto para conectar con la infancia* de Carmen Prieto Ribó

- *Brújula para navegantes emocionales* de Elsa Punset

- *Educar sin perder los nervios* de Tania García

- *Educar hijos felices en un mundo de locos* de Tania García

- *El libro que ojalá tus padres hubieran leído (y que a tus hijos les encantará que les leas)* de Philippa Perry

- *Más allá de la conducta* de Mona Delahooke

- *Cerebro, infancia y juego* de María Couso

BIBLIOGRAFÍA INFANTIL

- *Emocionario* de Cristina Núñez y Rafael Romero

- *Somos iguales. Somos diferentes* de Armando Bastida

- *Cuentos para criar con sentido común* de Armando Bastida

- *Cuentos para criar con sentido amor y respeto* de Armando Bastida

- *Encuentra tu calma* de Gabi García

- *Escuchando mi cuerpo* de Gabi García

- *El hilo invisible* de Miriam Tirado

- *Tengo un volcán* de de Miriam Tirado

- *La fuente escondida* de Miriam Tirado

- *Sensibles. Un cuento para abrazar lo que sentimos* de Miriam Tirado

- *De mayor quiero ser FELIZ* de Anna Morató García

- *Creo en ti* de Anna Morató García

- *Con un susurro basta* de Elisa Molina Jiménez

- *Estoy contigo* de Cori Doerrfeld

- *Nos tratamos bien* de Lucía Serrano

- *Tu cuerpo es tuyo* de Lucía Serrano

- ¿Me das permiso? de Lucía Galán Bertrand (*Lucía, mi pediatra*)
- Colección: *Cuentos para contar entre dos* de Eloy Moreno
- *La luz de Lucía* de Margarita del Mazo
- *Así es mi corazón* de Jo Witek
- *El monstruo de colores* de Anna Llenas
- *Vacío* de Anna Llenas
- *La joya interior* de Anna Llenas
- *Laberinto del alma* de Anna Llenas
- *Te quiero (casi siempre)* de Anna Llenas
- *Topito Terremoto* de Anna Llenas
- Colección: *El bosque de las emociones* de Ana Serna
- *Cuentos con valores para niños* de MomTrésor
- ¿Qué bigotes me pasa? de Olga de Dios
- *Así es la vida* de Ana Luisa Ramírez
- *Yo mataré monstruos por ti* de Santi Balmes
- *El poder de las palabras* de Soledad Carmona
- *En tus zapatos* de Meritxell García

- *Elmer* de David McKee

- ¿Y si me come una ballena? de Susanna Isern Iñigo

- ¿Qué necesito cuando me enfado? de Tania García

- ¿Qué necesito cuando estoy nervioso? de Tania García

- ¿Qué necesito cuando tengo miedo? de Tania García

- *El pez arcoíris* de Marcus Pfister

- *El monstruo de los abrazos* de Mar López

- *Soy más fuerte que la ira* de Elizabeth Cole

- *La sombrerería mágica* de Sonja Wimmer

- *Eres una chica especial* de Oliva Hernández Pantoja

- *Eres un chico fantástico* de María García

- *Nunca dejes de soñar* de Ellen Mills

- *Porque eres especial* de Martina Groen

- *Mamá hay un monstruo en mi cabeza* de Gabriel Adrián

- *Tengo un nudo en la barriga* de Alberto Soler

- *Tengo miedo* de Alberto Soler

- *La respiración es mi súper poder* de Alicia Ortego

- *Respira: Volumen 5* de Inês Castel-Branco

- *Relajaciones* de Mamen Duch

- *Mi diario de gratitud* de Berry Nice diarios y cuadernos creativos

APLICACIONES DIGITALES Y WEBS DE INTERÉS

- *Comienza tu viaje Mindfulness*

  https://www.themindfulnessapp.com/es

- *Medita y sé feliz*

  https://elefantezen.com/

- *Headspace. Mindful meditation*

  https://play.google.com/store/apps/details?id=com.getsomeheadspace.android&hl=es&pli=1

- *Intimind*

  https://intimind.es/home/

- *Calm. Meditación y sueño*

  https://play.google.com/store/apps/details?id=com.calm.android&hl=es

- *Happyfy. Vence el estrés y los pensamientos negativos*

  https://www.happify.com/

- Entrenador de cerebros (Juego)

  https://play.google.com/store/apps/details?id=com.raghu.braingame&hl=es_419

- Disciplina positiva

  https://centrodisciplinapositiva.com/conocenos/

- Educación 3.0

  https://www.educaciontrespuntocero.com/recursos/educacion-emocional/blogs-sobre-educacion-emocional/

- Centro de Educación para padres

  https://centerforparentingeducation.org/

- Familia y cole

  https://familiaycole.com/

- Familiasenpositivo

  https://familiasenpositivo.org/documentacion/recursos-socioeducativos

- Universidad de Padres

  https://universidaddepadres.es/

CONCLUSIÓN

La realidad que estamos viviendo ha llegado para quedarse.

Ahora, más que nunca, estamos experimentando una realidad que desafía a los niños en múltiples niveles. Están expuestos crónicamente a estímulos constantes, un ritmo de vida acelerado y a expectativas paulatinas que, o les ayudas a gestionar desde que son pequeños, o puede resultar realmente abrumador para todos. Como adultos, tenemos la certeza de que el mundo en el que nosotros crecimos no tiene nada que ver con el que ellos están viviendo. Las emociones (aunque son universales) son procesadas en un contexto muy diferente al que nosotros conocimos. Por eso, en este mundo de transiciones, la estabilidad emocional se convierte en nuestro tesoro más preciado. No se trata de evitar que sientan frustración o tristeza, sino de enseñarles a gestionarlo, guiarles hacia el autoconocimiento y la autoconciencia, y por supuesto, ayudarles a aprender de los errores. Todas las emociones son válidas, cada una de ellas tiene un propósito y ellos necesitan entender(se). Debemos proporcionarles las herramientas necesarias, así como compañía y comprensión. Necesitan saber que no están solos en el camino.

Como responsables de su crianza, a veces nos enfocamos en que aprendan lo necesario para combatir el futuro que les vendrá desde lo académico, pero igual nos estamos olvidando de algo muchísimo más importante: fomentar el aprendizaje emocional. Esto no ocurre de forma involuntaria, DEBEMOS prestar mucha atención, cuidarlo y necesariamente, que haya una colaboración constante entre la escuela y el hogar. Como dije anteriormente, el aprendizaje emocional no sólo es enseñar desde el cariño (o como se piensan algunos, *dar abracitos y mimitos*), va mucho más allá. Es enseñarles a ser resilientes cuando las cosas no salen según lo deseado, a comprender y gestionar sus emociones siendo conscientes de cómo afectan estas a los demás y cómo me afectan a mí las de otros. Se trata de acompañarles y guiarles, mientras todo eso que nos importa a los padres del progreso académico surge de manera natural, cada uno con sus tiempos y sin presiones ni expectativas excesivamente altas. Todos queremos que nuestros hijos sean súper listos, súper responsables y súper todo, pero sinceramente, sabéis que todos y cada uno de los niños aprenden a su ritmo, sin exigencias que le generen ansiedad o frustración cuando no consiguen ser "los mejores". Claro que debemos enseñarles a ser los mejores, a luchar por sus sueños y a conseguir todo lo que se propongan, pero siempre desde el respeto hacia los demás, con honestidad y sobre todo con empatía y valentía.

Sus emociones son complejas, en ocasiones algo intensitas pero ¿y las vuestras no? Nosotros como adultos también tenemos nuestros momentos de "ole" en los que nos lucimos y salimos por la puerta grande, pero afortunadamente, hemos aprendido (o estamos aprendiendo) a adaptarnos y gestionarnos.

En el colegio ocurre lo mismo. Desafíos emocionales y sociales que les vienen día tras día y los que aprenden a superar con creces. (Tranquilos papás y mamás, son más fuertes de lo que os creéis). Desde casa, también tenemos que promover la gestión emocional. Necesitan que nos tomemos tiempo con ellos, que nos sentemos y que les escuchemos.

Necesitan jugar y hablar con nosotros, ponerle nombre a todas esas "cosas" que sienten en su día a día. Al igual que también demandan nuestro amor incondicional, también precisan que les ayudemos a validar sus emociones y les guiemos para poder lidiar con todo lo que están viviendo y vivirán en el futuro.

Amigas, amigos, sigamos educando para el cambio desde el aprendizaje emocional, sólo tú tienes la llave para abrir esa puerta y empezar una historia infinita.

YO ESTOY Y ESTARÉ AQUÍ PARA ACOMPAÑARTE.

María Maroñas Jiménez

EPÍLOGO

Esto no termina aquí...

Recuerdo unos meses atrás, cuando "todo esto" empezó a surgir y sinceramente, no puedo sentir más gratitud. Lo que hace años veía imposible, se ha hecho realidad y no sería posible sin ti. Como en todos los caminos, encontramos piedras que debemos apartar y continuar con nuestra senda. Pisando fuerte, con valentía y por supuesto, con el acompañamiento de esas personas vitamina tan necesarias. Gracias por acompañarme y hacer de esto, un largo camino por recorrer entre todos.

Familias, docentes, gracias por haber creído en mí y por confiar realmente en el aprendizaje emocional. Todos sabemos que es el mejor camino para nuestros hijos y nuestros alumnos, sólo necesitamos continuar juntos. Gracias por interesarte en mis propuestas didácticas (te espero con muchas más en Instagram @losmimosdemaria). Pero antes de despedirme, no sería yo si no agradeciese a cada una de las personas que han formado parte, de una manera o de otra, de este sueño hecho realidad.

A mi familia por apoyarme incondicionalmente y por estar siempre presentes. Mamá, papá, os adoro.

A mi marido y mis hijas por sostenerme en el camino y *mover montañas juntos*.

A mis amig@s y compañer@s por ayudarme a perseguir mis ilusiones y vivir conmigo mis incesantes fantasías. GRACIAS.

Gracias a Silvia y a Bibiana por regalarme un trocito de su sabiduría y concederme unas palabras.

A vosotros que me estáis dedicando un ratito de vuestras tardes (o noches) acompañados de un buen té calentito. Gracias por haber navegado conmigo en este mundo y por haberme hecho sentir capitana de este barco. No puedo sentirme más orgullosa.

Y por último, perdonad que me entretenga sólo un poquito más, pero necesito dar las gracias a cada uno de mis alumnos. Esas personas que llevan pasando 11 años por mis manos, llevándose un pedazo de mi corazón (y también de mi paciencia, todo hay que decirlo). Los mismos pequeñajos que ahora están cursando segundo de bachillerato, y cada vez que vienen a verme me cuentan alguna de las suyas y me recuerdan que este año es su graduación. Desde los más pequeños a los que tienen 17 años, GRACIAS por ayudarme a ser lo que soy como docente. Prometo seguir con mis *moñadas* de "mamá gallina" y, sobre todo, confiando en cada uno de vosotros, que ya sabéis que sois como un hijo o una hija más. Siempre querré lo mejor para vosotros. Gracias por dejarme claro, desde el primer momento, que no me había equivocado con mi elección de ser maestra. *Señoritas y señoritos,* GRACIAS.

¿QUIÉN ES MARÍA MAROÑAS JIMÉNEZ?

Soy María Maroñas Jiménez, una profesora madrileña residente en un pueblo de la Sierra de Guadarrama, Colmenar Viejo. También, soy mamá de dos niñas maravillosas de 3 y 6 años.

Desde pequeña, sabía que mi lugar estaba en las aulas, ayudando y guiando a niños como yo que necesitaban conocer el mundo y, sobre todo, conocerse a sí mismos. Otros niños y niñas soñaban con ser peluqueros, médicos o policías, pero yo siempre jugaba con mis peluches y les daba clase como lo hacían mis profes conmigo. (Mi madre siempre dice que desde muy pequeñita preparaba juegos y yincanas para mis primas pequeñas cuando venía la cena de Navidad. Y sí, doy fe.)

Mi amor por la enseñanza emocional es mi mejor definición. No sólo me interesa que mis alumnos y alumnas adquieran conocimientos académicos, sino que aprendan a comprenderse a sí mismos y a gestionar sus emociones, que sean empáticos, respetuosos y de buen corazón. Siempre he trabajado duro para que mi clase fuera un espacio seguro en el que mis alumnos y alumnas se sintieran como si fuera su hogar.

Esa conexión tan especial que vivo cada día con ellos me hace ser consciente de que puedo entenderlos más allá de sus palabras. Percibo sus preocupaciones y miedos, valido sus emociones y les acompaño en el camino. Esas miradas curiosas, los ojitos de amor con los que te miran y sus abrazos sin fin hacen que siga dándome cuenta de que me necesitan y de que efectivamente, he elegido la mejor profesión del mundo.

ANEXO:
Y TÚ, ¿QUÉ OPINAS?
ANÉCDOTAS
Y EXPERIENCIAS
DE PSICÓLOGOS,
PEDADOGOS, DOCENTES,
FAMILIAS Y NIÑOS/AS.

Tengo el orgullo de compartir con vosotros una serie de experiencias narradas en primera persona y desde lo más profundo del corazón de mis compañeros, familias, niños y profesionales más queridos. A continuación, os dejo con sus consejos y sus anécdotas, pero no sin antes, detenernos en dos pequeñas entrevistas que hice a dos queridas amigas, Silvia Álava y Bibiana Infante. Gracias por guiar mi camino y extenderme siempre vuestra mano.

¿Qué creéis que es lo más importante en esta transición? ¿Qué le dirías a las familias cuyos hijos se encuentran en esta transición, no solo académica sino también emocional? ¿Algún consejo para los docentes? Prepárate, coge lápiz y papel, porque sus respuestas no te van a dejar indiferente...

SILVIA ÁLAVA SORDO

Doctora en Psicología Clínica y de la Salud. Conferenciante y escritora. Psicóloga Sanitaria y Educativa. Divulgadora.

@silviaalavasordo

El cambio de infantil a primaria es un cambio muy fuerte y muy bueno. Se trata de un momento evolutivo muy interesante del que vamos a hablar un poquito más. ¿Qué es lo que ocurre? Lo que es la parte de la función ejecutiva, que es esa capacidad que tenemos para planificar, para orientarnos a la meta, para supervisar lo que estamos haciendo, para dirigir nuestra propia conducta y mantener la atención, ahí a nivel evolutivo, hay un salto importante y los niños ya son mucho más capaces de hacerlo que con cinco años. Por eso, justamente cuando se empieza primaria cambia mucho el formato de la clase de infantil, es decir, toda esa parte de los rinconcitos por ejemplo; y en primaria, ya son clases por así decir, con mucho más contenido y más estructuradas.

Entonces, lo primero que tenemos que saber es que justo coincide, evolutivamente hablando, en un periodo en el que el lóbulo prefrontal ha madurado bastante, ha madurado, sobre todo, lo que se llama la función ejecutiva fría que es esa capacidad anteriormente comentada (la planificación, la supervisión, la organización, la atención, la memoria de trabajo), pero sin embargo, todavía no está del todo madura. Y también del lóbulo prefrontal depende la función ejecutiva caliente, y es esa función la que empieza a madurar entorno a los 3-4 años, siendo la que va a permitir regular las emociones. Pero, ¿qué es lo que pasa? que con seis años, cuando ingresan en primaria, evidentemente, todavía no está maduro este lóbulo prefrontal (no termina de madurar, hasta en torno a los 25 años de edad). Y esto, ¿qué implica? Todavía necesita que sus adultos de referencia que, principalmente, es la familia, es papá, es mamá, son las personas de su entorno y, por supuesto, los profesores, quienes sigan ayudando a corregular sus emociones. Debemos saber que va a ser muy importante en esta transición poder acompañar emocionalmente a los niños. Recordemos de nuevo que tienen seis años y que todavía el lóbulo prefrontal no está del todo maduro, aún no son capaces de regular sus emociones. Entonces, ¿qué es lo que necesitan y cómo se hace? Nosotros como adultos debemos guiarlos hacia la autorregulación y la gestión emocional, y para eso necesitamos conectar con ellos desde la emoción, validando cada una de ellas diciendo por ejemplo: *"entiendo que estás enfadado porque no te apetece ir al cole de mayores y porque echas de menos el tiempo de jugar"*. A veces los adultos lo que les decimos es un *"no llores"* o *"pero no te enfades"*, pensando en poder evitar sufrimiento, cuando lo que hay que hacer, lo primero de todo, es conectar desde la emoción y validarla. En ocasiones, tenemos que ser los adultos quienes les acerquemos la emoción porque son muy pequeños y no saben qué es o cómo se llama, por lo que cuando les digas: *"¿qué te pasa?"*, el niño te mirará con cara de: "perdona, el adulto eres tú y serías tú quien me explicase qué me pasa". Ellos muchas veces no saben exactamente qué es lo que pasa y por qué se sienten así, debes explicarle qué quizá está enfadado y un poco triste porque resulta que en este cole hay que madrugar más (por ejemplo). Debemos ser nosotros quienes vayamos nombrando la emoción que están sintiendo y trabajar lo se-

ría la comprensión emocional, es decir, les decimos la causa que creemos que les está haciendo sentirse así: *"Quizás estás triste porque echas de menos a tu anterior profe"*. Luego, una vez que hemos conectado desde la emoción, sería el momento de darles alguna pequeña estrategia de regulación emocional. *"Sin embargo, fíjate qué chulo es ir a esta parte de primaria de mayores donde estamos aprendiendo un montón de cosas"*.

Personalmente, creo que es importante que insistamos en esa parte que necesitan todavía, ellos nos necesitan para que les correglemos. Y esto, amigos profesores, también os va a tocar a vosotros. Es cierto que aquí hay un paso entre los profesores de infantil y los de primaria, me refiero a que en educación infantil, ese lóbulo prefrontal que es el que regula las emociones, todavía ni siquiera ha empezado a madurar, entonces sí que es verdad que el último año de infantil ya empezamos a corregular, pero los primeros cursos de infantil son los profesores los que tienen que regular directamente a los niños porque todavía no tienen esa capacidad. Es ahí donde notaremos ese saltito evolutivo, por lo que es importante que se entienda, tanto desde el cole como desde la familia, quienes no sólo deben preocuparse por su progreso académico (que también) si no por conocer la parte emocional: cómo se está integrando su hijo o su hija por ejemplo, si está haciendo amigos y si se siente bien en clase. PERO, tengamos cuidado con los interrogatorios que les hacemos al salir del colegio. Pregunta sin agobiar y respeta su espacio y sus tiempos. Según salen del colegio, no van a hablar. Lleva un montón de horas ahí y quiere desconectar para volver a conectar con su rutina de casa. Pero entonces, ¿cómo hablamos con ellos? Fíjate que curiosamente es por la noche, cuando ya nos vamos todos a la cama. Aclaro que esto no lo hacen por fastidiar a papá y a mamá. Os cuento:

por la noche, ellos se sienten más relajados y el lóbulo prefrontal se queda un poquito más liberado, es ahí cuando ya están tranquilitos y te cuentan todo lo que está pasando en el cole o todo lo que está pasando importante en su vida. Por eso, una recomendación que hacemos es no focalices tanto en que te lo cuenten al salir del colegio e intenta llevarles un pelín antes a la cama. Este es el consejo que yo les daría a los padres, hay que tener en cuenta estas emociones y dejarles tiempo y espacio de noche para que te cuenten, así que iros a la cama con tiempo porque algo que es fundamental durante la infancia, es que los niños duerman. Todos necesitamos dormir porque cuando no lo hacemos suficiente se rompe la salud física y mental, pero es que además, cuando los niños no duermen bien, al día siguiente atienden peor, se concentran peores, están más irritables y aprenden menos en el colegio, así que vamos a cuidar muy bien el sueño.

BIBIANA INFANTE

Psicóloga y Entrenadora Líder en Disciplina Positiva. Directora de Centro Integral Disciplina Positiva

@disciplinapositivacentro

En toda transición, es esencial reconocer que el cambio requiere adaptación, tanto para los niños como para los docentes y las familias. Todos deben experimentar y comprender que, aunque los cambios pueden ser desafiantes y generar temor, suelen ser beneficiosos a largo plazo. Es fundamental validar las emociones de los niños, acompañarlos en este proceso y compartir nuestras propias experiencias para que se sientan comprendidos y conectados con los adultos. Frases como "te entiendo" o "es normal sentirse así" son importantes, así como estar presente y abierto a escuchar cualquier inquietud o emoción que puedan expresar.

A las familias les diría que confíen en las capacidades de sus hijos para adaptarse a esta nueva etapa. Es crucial que les transmitan mensajes de aliento y seguridad, recordándoles momentos previos en los que sus hijos han superado retos: "Cuando eras más pequeño, lograste _ _ _, y ahora también podrás _ _ _". Además, deben confiar en los docentes y en el centro educativo, ya que estos profesionales están comprometidos con el bienestar y la educación de sus hijos. Se esfuerzan por conectar con ellos y prepararles para su vida escolar.

A menudo, se pone el énfasis en la adaptación de los niños, pero es igualmente importante que los docentes reconozcan su propia necesidad de adaptarse. Cada año enfrentan nuevos alumnos, familias y contextos, así como cambios en normativas y programaciones. Por ello, el autocuidado y el desarrollo de recursos emocionales son fundamentales para poder conectar antes de enseñar.

Si los docentes llegan al corazón de los alumnos, también llegarán a su mente. Crear un ambiente en el aula donde cada alumno se sienta valorado y parte del grupo es crucial para el aprendizaje. La disciplina positiva ofrece herramientas que ayudan a establecer un clima de respeto y responsabilidad, combinando afecto con límites claros. Ideas como establecer con ellos las normas del aula, los oficios para que el aula funcione, y tomar decisiones de forma conjunta, ayudará a que los estudiantes se sientan involucrados y escuchados y con ellos se genera un ambiente de cooperación y responsabilidad que hace el día a día más fácil para todos en el aula.

¿Quieres seguir leyendo más experiencias interesantes?

¡CAPTURA EL QR Y NO TE PERDERÁS NADA!